Vera Hewener

Zaubervolle Weihnachtswelt

Geschichten, Gedichte, Stücke & Notizen
zur Advents- und Weihnachtszeit

Edition Calamus

Über das Buch

Jedes Jahr im Dezember geht von der Weihnachtszeit ein ganz besonderer Zauber aus. Hoffnungen, Wünsche und Fragen stellen sich ein: Kann man sich den Schnee verdienen? Wie kann man den Nikolo umstimmen? Wann wird ein Ochs zum Tannenbaum? Wie Weihnachten feiern in Zeiten der Pandemie? Den Leser erwarten besinnliche, nachdenkliche und amüsante Geschichten, Gedichte, Stücke und Notizen von Vera Hewener. Das Buch lädt dazu ein, mit Begeisterung und Freude Weihnachten zu feiern, innere Einkehr zu halten, anderen vorzulesen oder Stücke für die Adventsfeier auszusuchen.

Über die Autorin

Vera Hewener, Jahrgang 1955, lebt als freie Schriftstellerin in Püttlingen. Sie hat viele literarische Auszeichnungen erhalten, u.a. „Superpremio Cultura Lombarda" vom Centro Europeo di Cultura Rom (I) 2001, den „Grand Prix Européen de Poésie" von CEPAL Thionville (F) 2005, Trophäe Goethe 2007, zuletzt Wilhelm-Busch Preis 2017.

Vera Hewener

Zaubervolle Weihnachtswelt

Geschichten, Gedichte, Stücke & Notizen
zur Advents- und Weihnachtszeit

Edition Calamus

Die Deutsche Bibliothek verzeichnet diese Publikation in der Deutschen Nationalbibliografie; detaillierte bibliografische Daten sind im Internet unter www.http://dnb.dnb.de abrufbar.

Herstellung und Verlag:
BoD - Books on Demand, Norderstedt

Printed in Germany
1. Auflage 2020
ISBN 9783752606409
9,90 EURO

Inhalt

Das Licht der Weihnacht

Oh, wie ist dies alles voller Prophezeiung,
die Straße, die ins Schwarze stumm sich windet,
die müden Häuser in der Winterweihung,
das Knistern hinter Fenstern bald verschwindet.

Das graue Wolkenwandern, das in Dunkles mündet,
Laternenschein sich darin wiederfindet.
Ein Sternenlicht die stille Nacht anzündet,
ein Hauch von Sehnen, das die Liebe bindet.

Wie ist dies alles so geheimnisvoll erwartend,
als wenn die Zeit sich träumerisch verschwendet,
als ob ein Sprössling, seine Welteroberung startend,
sich wissentlich dem Todgeweihten spendet.

Du ahnst die Tiefe dieser Erdenkreisumrundung,
den Sonnenlauf, der unterm Horizont sich dreht,
der Wunsch nach Heilung deiner Herzverwundung,
das Licht der Weihnacht, wenn alles aufersteht.

Wie aus Ochs Ludwig ein Tannenbaum wurde

Es war einer der schneereichsten und kältesten Winter der letzten Jahre, als Bauer Lonsdorfer am frühen Nachmittag den Ochsenkarren für den alljährlich stattfindenden Weihnachtsmarkt von Saarlouis ausstaffierte. Ausgepolstert mit weißen Lammfellen und dicken roten Wolldecken stand er im Hof vor der Ausfahrt des Stalles, so gemütlich und einladend, dass er gern selbst in diesen Kokon aus Wolle hineingeschlüpft wäre, um sich vor dem Schneefall und der Kälte zu schützen. Aber er war der Fahrer, der seinen Ochsen vor den Karren spannte.

Dieses Jahr würde die Witterung ihm allerhand Durchhaltevermögen abverlangen. Was soll's, er würde sich mit einer gehörigen Portion seines Lisdorfer Pflaumenwassers versorgen und sich von innen wärmen. Schließlich kostete eine Kutschenfahrt sieben Euro für Kinder, Erwachsene zahlten zehn Euro. Leicht verdientes Geld, wenn er an die knochenharte Feld- und Stallarbeit dachte, um den Lebensunterhalt für seine Familie zu erwirtschaften.

Ochs Ludwig scharrte schon mit den Vorderhufen. Er brummte voll Ungeduld, denn er wollte ebenfalls wie ein Tannenbaum geschmückt werden, damit die Kinder ihn bewunderten. Ochs Ludwig genoss es nämlich, wenn man ihn ansprach und lobte. Er fand, dass ihm dies als König der Ochsen im Stall von Bauer Lonsdorfer zustand. Denn schließlich war er auch nur ein Mensch.

„Ja, ja, du bekommst deinen Teil noch ab", beruhigte ihn sein Bauer, der nicht vergessen hatte, dass sein Ochse im letzten Jahr an Heiligabend selbst den Weihnachtsschmuck auf die Hörner genommen hatte. Er griff in die Dekorationskiste und warf goldene Girlanden und Lametta über den Kopf, das Gehörn und den Rumpf des Rindviehs und verteilte es. Was er nicht bemerkte waren die Bündel

Wunderkerzen, die sich in den Girlanden verfangen hatten und nun lose zwischen dem Weihnachtschmuck am Kopf und Rumpf des Tieres hingen oder abstanden.

„So, ist das nun genug?" fragte der Gutsherr. Ochs Ludwig schnaubte und drehte den Kopf.

„Dann komm jetzt nach vorn, damit ich dich anschirren kann."

Ochs Ludwig tat wie befohlen und trabte vor den Karren. Bauer Lonsdorfer spannte das Geschirr an und verschwand noch einmal im Haus, um seinen Proviant und das Pflaumenwasser im Rucksack zu verstauen. Er legte den Rucksack auf den Bock, stieg hinauf und setzte sich in winterlicher Montur neben seinen Rucksack. Er war in eine Art Wintertracht gekleidet mit langer brauner Lederhose, braunen Lederstiefeln, braunen Lederhandschuhen, weißem Hemd, blauer Weste, blauer Wollmütze, brauner Lederjacke und darüber einen roten Umhang geschlungen.

„Nun, König Ludwig, auf geht's. Lass uns den Leuten königlichen Spaß und Freude bringen. Ochs Ludwig schnaubte hörbar und setzte sich in Bewegung. Bauer Lonsdorfer nahm den ersten Schluck Pflaumenwasser, um die Kälte erst gar nicht aufkommen zu lassen. Das Gefährt trabte entspannt und guten Mutes in die Innenstadt.

Am vorgesehenen Standplatz angekommen wartete bereits Bauer Ecker mit seinem Weihnachtsgespann. „Ganz schön kalt heute", meinte sein Kompagnon, der die gleiche Wintertracht wie Bauer Lonsdorfer anhatte. Er trampelte mit den Beinen umher und stapfte die Stiefel auf den Boden, um nicht von der Kälte eingeholt zu werden.

„Das kann man laut sagen, saukalt, wenn du mich fragst", erwiderte Bauer Lonsdorfer und stellte sein Fuhrwerk auf seinen Standplatz neben diesen. „Da muss man sich von innen wärmen." Er packte seinen Rucksack, wühlte darin herum und nahm seine Trinkflasche heraus.

„Willst du ein Schlückchen auf den Schnee?" fragte er.

„Na klar, dein Pflaumenschnaps ist doch der Beste von hier", sprach's, nahm den ihm angebotenen gefüllten Be-

9

cher und trank ihn aus. Auch Bauer Lonsdorfer genehmigte sich noch einen.

„Bist du frei?" fragte ihn ein etwa zehnjähriger Junge.

„Klar. Du braucht nur einzusteigen", sagte der Fahrer.

„Prima. Mama, die Kutsche ist frei", rief er seiner Mutter zu, die sich mit ihrer Freundin unterhielt, die ebenfalls mit ihren Kindern unterwegs war.

„Wie viel passen denn da rein?" fragte sie herbeigeeilt.

„Vier Kinder gehen schon", erklärte Bauer Lonsdorfer.

„Was kostet die Fahrt?" wollte sie wissen.

„Pro Kind sieben Euro", sagte er.

„Gut, dann zahle ich für vier Plätze", erwiderte sie und rief ihre Freundin und die anderen Kinder herbei.

„Wie ist die Route und wie lange dauert die Fahrt?" wollte sie nun wissen.

„Vom kleinen Markt zum großen Markt und wieder zurück. Dreißig Minuten werden es schon werden."

„Nun kommt schon", rief der Junge seinen Freunden zu und kletterte in die Kutsche. Als alle sich in die Decken eingekuschelt hatten, schnaubte Ochs Ludwig kurz und los ging es.

Sechsmal fuhr er hin und her, jede Fahrt von einem Becher Pflaumenschnaps begleitet. Als es dämmerte, begann es wieder zu schneien. Die Lichter hoben sich von der frühen Dunkelheit ab, der ganze Weihnachtsmarkt strahlte und funkelte. Ochs Ludwig gefiel dies sehr. Auf seiner letzten Tour machte er vor der großen, reich geschmückten Tanne kurz halt, um sie zu bewundern, bevor er ordnungsgemäß auf mehrmaliges Geheiß des nun angetrunkenen Bauern auf seinen Stehplatz trabte.

Ach, dachte Ochs Ludwig, wenn ich doch auch wie dieser Baum funkeln und blitzen könnte! Dann würden mich alle beachten und hoffieren. Sicher, sein Bauer hatte ihn ebenfalls mit Girlanden geschmückt. Doch die Aufmerksamkeit der Gäste hielt sich dennoch in Grenzen. Er war halt bloß ein Nutztier. Für einen König nicht angemessen, fand er.

Bauer Lonsdorfer und Bauer Ecker unterdessen genossen wieder den heimischen Pflaumenschnaps und begannen, unter dem Flockenspiel des taumelnden Schnees zu tanzen und lautstark Weihnachtslieder zu singen. Die umstehenden Passanten drehten sich ihnen zu. Sie dachten wohl, dass das Kutscherduo zur Weihnachtsattraktion gehörte und applaudierten. Schließlich sahen sie in ihrer Montur aus, als ob sie einem Postkartenbild entsprungen seien.

Angefeuert von den Zuhörern sangen sie weitere Weihnachtslieder und ermunterten die Passanten, miteinzustimmen in den Chor. Erst zögerlich, dann doch hörenswert erklang über den kleinen Markt der Weihnachtschor der Passanten. Was zu einer noch größeren Ansammlung von Besuchern führte. Denn neugierig geworden, wollten die anderen Besucher diese Attraktion ebenfalls nicht verpassen.

Als die beiden sich in eine ausgelassene Festtagsstimmung hinein gesungen hatten und die letzte Strophe des Liedes *Fröhliche Weihnacht* verklungen war, wollten sie sich noch eine Zigarre auf das gute Geschäft gönnen. Bauer Lonsdorfer lehnte sich an Ochs Ludwig an, weil er nicht mehr gerade stehen konnte und ins Schwanken geraten war.

„Warte", sagte Bauer Ecker und kramte erfolglos in seinem Proviantbündel nach einem Feuerzeug. Die Passanten kamen zu Hilfe und hielten Bauer Lonsdorfer brennende Zündhölzer und Feuerzeuge hin. Sie kamen ihm so nahe, dass die Flammen die Enden der gebündelten Wunderkerzen, die aus den Girlanden am Rumpf von Ochs Ludwig herausragten, erreichten und entzündeten. Ochs Ludwig stand plötzlich im funkelnden Sprühgewitter der Wunderkerzen und glühte auf wie ein Weihnachtsbaum.

„Aah", rief die ganze Gemeinde, „seht nur, ein Tannenochsbaum!" Sie applaudierten diesem ungewöhnlichen Zunder. Manche zückten die Handys und machten Fotos zur Erinnerung.

Ochs Ludwig, der den Zündgeruch vernahm, stampfte auf, scharrte mit den Vorderhufen, brüllte und blickte in die aufgewühlte Menge. Er dachte, dass der aufbrausende Applaus wohl ihm und seiner königlichen Würde galt und hob zur Freude der Zuseher den Kopf. Als die Wunderkerzen ausgesprüht hatten, löste sich die Versammlung langsam wieder auf.

Bauer Lonsdorfer jedoch erschrak über das unvorhergesehene Feuerwerk und war mit einem Schlag wieder nüchtern. Er wollte doch nicht, dass sein bestes Zugtier im Stall in Gefahr geriet. Mit schlechtem Gewissen manövrierte er die Kutsche mit Zugtier hinaus aus der Gefahrenzone und machte sich mit ihm auf den Heimweg. Im Stall angekommen, schirrte er Ochs Ludwig wieder aus, rieb die Haut ab und suchte akribisch nach Brandspuren. Gottseidank trug er keine Blessuren davon.

„So, Ludwig", sagte er, „jetzt kannst du dich ausruhen. Morgen machen wir eine Pause, damit du dich von diesem Schreck wieder erholen kannst."

Ochs Ludwig aber war voller Stolz darüber, dass ihn die Menge wie den großen Tannenbaum auf dem kleinen Markt angehimmelt und ihm anerkennend applaudiert hatte. Er hob den Kopf, sah den Gutsherrn an und schnaubte.

In der Ausgabe des nächsten Wochenspiegels wurde darüber berichtet, dass wieder ein Ochse für Furore auf dem Weihnachtsmarkt gesorgt hatte. Die Schlagzeile lautete: „Saarlouis im Ochswunder: Ochse als Feuerwerk versprühender Tannenbaum wieder aufgetaucht. Menschenansammlung auf dem kleinen Markt wurde zum Weihnachtschor."

Ist der erste Schnee gefallen

Ist der erste Schnee gefallen,
ist das Winterherz erwacht.
In den Augen Winterfreude
über diese weiße Pracht.
Schreite langsam Schritt für Schritt,
durch das Weiß, durch das Weiß
nimm Freude mit.

Schlittenfahren in den Tälern
und der Schneemann wird gebaut.
Auf den Hügeln warten Kinder,
immer neu wird sich getraut.
Fahre langsam Spur für Spur,
durch den Schnee, durch den Schnee
mit Freude nur.

Ist der erste Schnee gefallen,
Wintersport die Lust geweckt.
Jeder Ski wird neu gewartet,
jede Abfahrt dich schon neckt.
Gleite lautlos, gleite leis
Berg für Berg, Berg für Berg,
durchs Winterweiß.

Der Schneeengel

„Mariechen, warum starrst du durch das Fenster und bist so traurig?" fragte mich Mutter.

„Ich warte auf den Schnee. Ich wollte doch mit Karlchen einen riesigen Schneemann bauen. Die Kohlen und die Karotten liegen schon parat", antwortete ich voller Sehnsucht.

„Es wird schon noch Winter werden. Er lässt sich dieses Jahr eben etwas Zeit", versuchte Mutter, mich zu trösten.

„Aber im Winter muss es doch schneien", meinte Karlchen, „weil es im Frühling auch immer blüht."

„Weißt du", sagte Mama, „manchmal entwickeln sich die Dinge eben anders, als wir es erwarten. Wir können dem Winter nicht befehlen, dass es schneien soll."

„Wir nicht, aber der liebe Gott kann es ja tun", wünschte ich mir.

„Der liebe Gott kann dir nicht jeden Wunsch erfüllen. Er schickt schon den Nikolaus und das Christkind, um euch zu beschenken", erklärte Mama.

„Dann wünsche ich mir, dass der Nikolaus anstatt Süßigkeiten den Schnee bringt", hoffte Karlchen.

Am Abend saßen wir im Bett, falteten die Hände und beteten: „Lieber Gott, lass doch bitte den Schnee rieseln. Alle Kinder warten schon darauf. Unser Lehrer hat versprochen, sobald genug Schnee liegt, einen Klassenausflug in den Lachwald zu machen. Bitte, bitte, mach, dass es Winter wird. Wir versprechen dir auch, ganz brav zu sein und uns nicht mehr zu zanken. Und auf den Nikolausstiefel würden wir auch verzichten."

Mutter stand in der Tür und hörte alles mit. Sie lächelte uns an und meinte: „So, so. Da bin ich aber mal gespannt. Wenn man jeden Tag eine gute Tat macht, sieht das der liebe Gott auch. Vielleicht würde ihn das überzeugen und einen Schneeengel schicken. Jetzt macht die Augen zu, damit ihr morgen ausgeschlafen seid." Sie gab uns einen Gute-Nacht-Kuss und knipste das Licht aus.

„Karlchen, vielleicht ist das eine gute Idee mit der guten Tat", flüsterte ich Karlchen zu.

„Meinst du? Was ist denn eine gute Tat?" fragte er.

„Der Pastor sagt immer, wir sollen Nächstenliebe üben", antwortete ich.

„Wie übt man denn Nächstenliebe? So wie Klavierspielen?" fragte Karlchen wieder.

„Vielleicht geht es darum, jemand anderem etwas Gutes zu tun, zu helfen oder zu schenken", überlegte ich.

„Ich könnte Otto mein Pausenbrot schenken. Der hat nie etwas zum Essen dabei und hat immer Hunger", meinte Karlchen.

„Ich könnte Klara meine Puppe schenken. Oder wir könnten der alten Anna im Garten helfen. Seitdem sie kaum noch gehen kann, ist sie immer schlecht gelaunt, weil sie ihren Kräutergarten nicht mehr pflegen kann", kam mir in den Sinn.

„Aber Mariechen, im Winter wächst doch gar nichts mehr", lachte Karlchen.

„Stimmt, dann fragen wir sie, ob wir für sie einkaufen gehen sollen. Darüber freut sie sich bestimmt", tat ich meine Blitzidee kund.

„Abgemacht, ich spendiere mein Pausenbrot, du deine Puppe und für Anna gehen wir zusammen einkaufen. Dann wird es ganz bestimmt schneien", gähnte Karlchen und schlief ein.

Und so setzten wir unseren Plan in die Tat um. Nach drei Tagen wurde Mutter misstrauisch. Karlchen kam immer sehr hungrig aus der Schule und nachmittags verschwanden wir nach den Hausaufgaben sofort. „Sag mal, Karlchen, schmeckt dir dein Pausenbrot nicht mehr?" fragte sie.

„Doch, doch, es ist nur zu wenig. Ich hab seit Montag doppelt soviel Hunger wie sonst", schoss es aus Karlchen hinaus.

„Warum sagst du denn nichts. Dann mache ich dir jetzt immer zwei Brote", meinte Mama.

„Au fein", rief Karlchen. Mutter wunderte sich.

„Mariechen, kannst du heute Mittag mal zum Metzger für mich gehen. Ich muss für das Wochenende vorbestellen", wandte sie sich nun an mich.

„Ja, kann ich schon, aber erst später, nach den Hausaufgaben", versuchte ich, Zeit zu schinden.

„Natürlich, erst wenn du Zeit hast", sagte Mutter und wunderte sich noch mehr.

„Das können wir doch zusammen erledigen", murmelte Karlchen. Recht hatte er. „Ich hab's mir überlegt, ich erledige das gleich nach den Hausaufgaben", sagte ich nun.

„So, so", staunte Mutter und nahm ich ins Visier. Zu dumm, wir hatten ihren Spürsinn offengelegt. Nun mussten wir alles noch mehr verheimlichen. Karlchen aber freute sich. Jetzt konnte er teilen, ohne zu verzichten.

Als die Woche zu Ende ging und der Nikolaustag sich näherte, standen Karlchen und ich wieder am Fenster. Wir hofften, dass unsere Mühe endlich belohnt werden würde. Aber es fiel kein Schnee.

Nikolaus ging vorbei, die Stiefel waren trotzdem gefüllt und Anna wurde immer freundlicher. Am dritten Advent backte sie Anisplätzchen für uns. Die mochte ich ganz besonders. Dann schenkte sie noch jedem von uns eine Tafel Schokolade. Die mochte Karlchen wiederum. Anna freute sich über unsere Hilfe so sehr, dass sie meine Mutter anrief und sich für die Unterstützung bedankte.

„Sie haben so liebe Kinder, das muss ich Ihnen doch mal sagen. Jeden Tag klingeln sie und fragen, ob ich etwas brauche. Das ist wirklich großartig. Vielen Dank, dass sie mir ihre Kinder schicken, um mir zu helfen. Ich bete für sie und ihre Familie. Vergelt's Gott."

Mutter war wie vom Blitz getroffen. Ahnte sie doch richtig, dass da irgendetwas im Gange war, von dem sie nichts wissen durfte. Nun wollte sie auch erfahren, was es mit dem Pausenbrot auf sich hatte. Sie ging in die Schule, um mit der Klassenlehrerin von Karlchen zu sprechen.

„Ja, wissen sie, der Otto stammt aus ganz ärmlichen Verhältnissen. Er hat nie ein eigenes Pausenbrot dabei. Seit drei paar Wochen gibt ihr Sohn Karlchen immer eins ab, damit er auch etwas zu Essen hat. Das wird sich auf die Note in Betragen natürlich positiv auswirken", lobte sie ihren Sohn Karlchen.

Wir hingegen standen am Fenster und drückten uns Abend für Abend die Nase platt.

„Mama, meinst du wirklich, dass der liebe Gott alles sieht?" fragte ich in der Weihnachtswoche.

„Ganz bestimmt. Vielleicht hat er nur zu viel zu tun so kurz vor Weihnachten. Der Schnee kommt ganz bestimmt", tröstete Mutter uns wieder.

Wir waren schon ganz entmutigt, als die Weihnachtsferien begannen. Am Abend vor Weihnachten wurden wir immer trauriger.

„Der liebe Gott hat uns vergessen", meinte Karlchen.

„Wart's ab. Morgen ist ja erst Weihnachten. Mama hat bestimmt Recht. Vor Weihnachten kann er sich nicht um den Winter kümmern, da muss er doch all die vielen Geschenke besorgen", versuchte ich, es zu erklären.

Am Morgen liefen wir direkt an die Terrassentür, aber es schneite nicht. Wir sahen uns beide an, tieftraurig und voller Zweifel. Mutter bat uns, ihr beim Schmücken des Tannenbaumes zu helfen. Das lenkte uns etwas ab. Dann kamen die beiden Omis und Opa. Wir spielten wie jedes Jahr Mensch-ärgere-dich-nicht. Die Bescherung nahte. Unter dem Tannenbaum standen zwei sehr große Pakete. Was das wohl war? Wir streiften ganz eifrig das Papier ab.

„Hurra, das sind ja Schlitten", riefen wir beide voller Freude. Jetzt fehlte nur noch der Schnee.

„Das ist nicht das ganze Geschenk", sagte Mama, „wir fahren über Silvester in den Schwarzwald, damit ihr die Schlitten auch ausprobieren könnt."

„Wirklich, wir fahren in den Schnee? Danke Mama, Danke Papa, das ist ein tolles Geschenk", freuten wir uns und küssten und umarmten unsere Eltern und Großeltern.

Als wir beim Festessen saßen, glitzerte es plötzlich im Fenster. Es sah aus, als ob uns ein Engel zuwinkte.

„Schau, ein Schneeengel, es schneit", rief ich, „schau nur Karlchen, es schneit. Es war doch nicht umsonst!" Wir liefen auf die Terrasse, hüpften hin und her, versuchten den Schnee zu fangen, lachten und herzten uns.

„Seht ihr, Kinder", sagte meine Mutter, „gute Taten sind nie umsonst. Man bekommt immer etwas zurück. Auch wenn es manchmal länger dauert."

Es weihnachtet im Saarland

Im Tannenwald die Flocken wehn
das hübscheste Bild, das du je geseh'n.
Es weihnachtet im Saarland,
wir feiern das Fest zu Haus.

Die Lichter glühn, die Flammen sprüh'n
an Ständen es duftet, Kastanien brüh'n.
Es weihnachtet im Saarland,
wir feiern das Fest zu Haus.

> Das rote Rentier Rudolf
> am Himmel zieht vorbei
> und Nikolaus vorm Himmelstor
> liest die Geschichte vor.

Das Herz wird leicht, das Licht ihm gleicht.
Wir feiern die Freude, die uns erreicht
und reichen die Hände zum Freundesgruß
und halten Festtagsschmaus.
> Es weihnachtet im Saarland,
> wir feiern das Fest zu Haus.

Am Weihnachtsmarkt die Händler stehn,
den hübschesten Tand, den du je geseh'n,
Es weihnachtet im Saarland,
wir feiern das Fest zu Haus.

Wie schön es ist, wenn man sich küsst,
du unter dem Mistelzweig glücklich bist.
Es weihnachtet im Saarland,
wir feiern das Fest zu Haus.

> Und vor der großen Krippe
> die Kinder staunend stehn.

Und Ochs und Esel bläst ins Ohr
laut der Posaunenchor.

Und alles singt, der Chor erklingt,
die Freude in jedem Gesang mitschwingt.
Wir reichen die Hände zum Freundesgruß
und halten Festtagsschmaus.
　　　Es weihnachtet im Saarland,
　　　wir feiern das Fest zu Haus.

An Heiligabend ist's soweit,
wir stehen zu Haue im Festtagskleid.
Es weihnachtet im Saarland,
wir feiern das Fest zu Haus.

Dann wird es still, ein Glöckchen klingt,
ein Kind wie ein Engel die Lieder singt.
Es weihnachtet im Saarland,
wir feiern das Fest zu Haus.

　　　Die Tür ist immer offen,
　　　die Nachbarn klopfen an.
　　　Und Pastor Fred, bevor er geht,
　　　segnet das ganze Haus.

Ein Freudentanz im Lichterglanz.
Wir finden zusammen, du fühlst es ganz.
Wir reichen die Hände zum Freundesgruß
und halten Festtagsschmaus.
　　　Es weihnachtet im Saarland,
　　　wir feiern das Fest zu Haus.

Das Gedicht „Es weihnachtet im Saarland" kann auf die Melodie „Christmas in Killarney" von Frank Weldon, James Cavanaugh und John Redmond gesungen werden.

Der Nikolo

Der Nikolo, der Nikolo,
macht alle Kinderherzen froh.
Er stapft im Winter durch die Alp,
segnet die Kuh, das kleine Kalb
und neben ihm, sein Helfer Krampus,
trägt die Geschenke auf den Campus.

Die Liste hat er auch dabei,
trägt vor die ganze Litanei
der großen und der kleinen Sünden
und schöpft dabei aus heil'gen Pfründen,
wenn er zur Umkehr ruft und Treu.
Und alles jedes Jahr aufs Neu.

Dass jedes Menschenkind auf Erden
an Weihnachten kann glücklich werden.

Das große Vorbild

Ehefrau Elisabeth Hollischek sitzt am Tisch und liest in der Zeitung. Herr Hollischek kommt herbei geeilt, hat die Post in der Hand. Er öffnet einen Brief.

Herr Hollischek: „So wos, die Stadt Wean schreibt mir einen Brief." *Er nimmt ein Schreiben heraus.*

Frau Hollischek. „Wos, der Stadtvater? Host was angstellt? Host die Poback-Schürz für die Pferdeäpfel nicht angmacht?"

Herr Hollischek: „Wos redst dann do? Bei mir iss olls vorbildlich. Do gibt's ka Schmuh!"

Frau Hollischek: „Jo, wennst meinst. Du bist das große Vorbild von Wean. Wos schreibt a denn, der Herr Bürgermeister?"

Herr Hollischek: „Sehr verehrter Herr Hollischek. Die Stadt Wien möchte Ihnen für Ihren vorbildlichen Einsatz danken. Wir alle wissen, dass die Beförderung der Gäste für die Stadt Wien von großer Bedeutung ist. Damit dies auch so bleiben kann, bitten wir Sie, in der laufenden Saison darauf zu achten, dass die Gäste genug Abstand zueinander halten. Wir möchten nicht, dass in Wien eine Infektionswelle anrollt wie in Ischgl. Schicken Sie uns deshalb Ihre Hygienekonzeption zur Genehmigung zu."

Frau Hollischek: „Na servas, dös kann ja heiter werden."

Herr Hollischek: „Heiter? Dös is ja, dös is ja so ein Blödsinn! Abstand, in a Kutschn? Sans die jetzt olle verrückt gworden? Außer dem Futtermittelpaket hot kaana dös gonze Johr wos gsogt und sich gekümmert, goa nix is von dena kummen und jetzt soll i vier Wochen vor Weihnachten a Hygienekonzept vorlegen? I glaubs ja net."

Herr Hollischek greift sich vor lauter Aufregung ans Herz und keucht laut.

Frau Hollischek besorgt: „Wos regst di dann so auf? Komm, hock die nieder, i bring dir an Viertele."

Frau Hollischek holt eine Weinflasche mit Glas. Sie stellt beides auf den Tisch und gießt das Glas ein.

Herr Hollischek setzt sich hin. „Wos soll ma sich do net aufregen. Der Ausfall im Frühjahr und über Sommer hot gnug gekostet. Jetzt machen die mir das ganze Weihnachtsgschäft kaputt! Diese depperten Verwaltungsbeamten!"

Frau Hollischek: „Do, trink a Schluck auf den Schrecken."

Herr Hollischek trinkt das Glas auf einmal aus und stellt es wieder hin: „Konnst ma noch a Schluckerl einschenken? I bin erledigt."

Frau Hollischek gießt nach: „Weißt wos, du gehst jetzt zur Stadtverwaltung und erklärst denen, dass dös net geht. Ihr tragts ja eh schon alle Masken!"

Herr Hollischek trinkt das Glas wieder aus: „War dös vielleicht der Krampus des Weaner Nikolo? Wanns mit der Bim foan, sogt koana wos. Do reicht a Maske aus."

Frau Hollischek: „Der Krampus soll sich das ausgedacht haben? Dann hättst jo wos angstellt?"

Herr Hollischek: „Wie, was soll i angstellt haben. I bin dös Vorbild für alle jungen Fiaker. Bei mir läuft olls nach Vorschrift."

Frau Hollischek süffisant: „So, so. Und wos ist mit dem Trinkgöld? Tust dös deklarieren?"

Herr Hollischek: „Deklarieren? I zahl gnug Steuern. Außerdem ist dös auch für dich an Toschengöld."

Frau Hollischek: „Für mi? Seid wann kriag i von dir Taschengöld vom Trinkgöld ab?"

Herr Hollischek: „Seit dem i di als Reinigungskraft für die Kutschen angeb."

Frau Hollischek: „So, so. Seit wann mochst das denn schon so?"

Herr Hollischek: „Seitdem dös Trinkgöld zum Einkommen dazu ghört."

Frau Hollischek: „Kein Wunder, dass der Nikolo nicht gut auf dich zu sprechen ist. I wüsst, wie du dös wieder gutmachen konnst?"

Herr Hollischek: „So, wie soll dös gehen?"

Frau Hollischek: „Ja, i kriag a schöne Nachzahlung und die Stadt zieht die Auflagen wieder zruck."

Herr Hollischek: „Du glaubst wohl tatsächlich an den Weihnachtsmann. An Versuch wärs ja wert. I geb dir a Nachzahlung seit der Coronakrise."

Herr Hollischek nimmt seinen Geldbeutel au der Hosentasche und legt ihn auf den Tisch.

Frau Hollischek. „Wos, da kommt nix bei raus. Do musst scho tiefer in die Toschen greifen. Denk dran, der Nikolo sieht und hört olls."

Herr Hollischek: „Na gut, i geb dir fünfhundert Euro als Pauschale fürs Erste."

Frau Hollischek: „Und dann jeden ersten die Hölfte vom Trinkgöld?"

Herr Hollischek: „A Viertel täts auch."

Frau Hollischek: „Also gut, a Viertel, mindestens aber fünfzig Euro im Monat. Dös könnt den Nikolo und den Krampus umstimmen und du brauchst ka Hygienekonzept."

Herr Hollischek: „Wers glaubt, wird selig. Wenns Finanzamt frogt, must du aber bestätigen, dass du meine Reinigungskraft bist. Sonst muss I nachzohlen."

Frau Hollischek: „Welche Ehefrau ist dös net?"

Es klingelt.
Herr Hollischek: „Jo, wer is dös denn jetzt? I geh scho."
Herr Hollischek geht und kommt mit einem Brief zurück.

Frau Hollischek: „Wos ist denn das jetzt für an Brief?"

Herr Hollischek: „Dös war an Einschreiben.
Er öffnet den Brief und entnimmt das Schreiben

Frau Hollischek: „Dann lies mal vor."

Herr Hollischek: „Sehr geehrter Herr Hollischek. Wir informieren Sie darüber, dass die letzte Post von uns ein Irrtum war. Die Aufforderung zur Vorlegung eines Hygienekonzepts war nicht an die Fiaker adressiert. Das war das Schreiben an die Öffis, also Bus, Bahn und Bims im April. Unser automatischer Serienbrief hat eine falsche Vorlage bzw. Adresse gezogen. Wir bedauern, Ihnen Umstände gemacht zu haben und senden Ihnen stattdessen den Brief vom Wiener Nikolaus mit den besten Grüßen für Ihr vorbildliches Verhalten gegenüber Ihrer Stadt und Ihrer Familie. Wir wünschen Ihnen ein gutes Weihnachtsgeschäft. PS: Der Termin zur Abgabe der Steuererklärung für 2020 wird aufgrund der Coronakrise um vier Monate verlängert. Ihre Stadtverwaltung Wien.

Frau Hollischek: „Na, glaubst jetzt vielleicht an den Nikolo?"

Awa Heidschi Bumbeidschi

Awa heidschi bumbeidschi schlòòf scheen lòng,
dein Mama die is schunn lòng furt gòng,
se is uf da Schees un kummt lòng noch nit hämm,
un lisst dat klään Bubbelschin gònz alään.
Awa heidschi bumbeidschi bum bum,
awa heidschi bumbeidschi bum bum,

Awa heidschi bumbeidschi schlòòf gònz sejß.
De Engelscha schicken dia scheen Grejß,
se lòssen deich grejßen und lossen deich fròòn,
ob dau wilscht gehn hoch uf de Himmelsbòòn.
Awa heidschi bumbeidschi bum bum,
awa heidschi bumbeidschi bum bum,

Awa heidschi bumbeidschi em Himmel,
dò fäat än schneeweißa Schimmel,
druf sitzt än klään Engel met äna Latern,
dò scheint dia vom Himmel da allascheenscht Stern.
Awa heidschi bumbeidschi bum bum,
awa heidschi bumbeidschi bum bum,

Da heidschi bumbeidschi is kumm dònn
hat's Buubschin gehòll un is furt gòng,
er hat it gehòll und hat's nimme gebrung,
mia saan dia gut Naat, hònn dein Littchin gesung.
Awa heidschi bumbeidschi bum bum,
awa heidschi bumbeidschi bum bum.

Moselfränkische Übertragung des Liedes „Heidschi bumbeidschi"
M: Trad. Volkslied aus Österreich, 19. Jhd., Verf. Unbekannt

Kalendernotiz: Dezember

Heilagmänoth, heiliger Monat, hieß einst der Dezember im alten deutschen Sprachraum. Ob dies der Kürze der Tage geschuldet ist und damit die Helligkeit besonders geheiligt wird, ist nicht belegt. Bei den Römern war er dem Saturn geweiht. Danach war der Dezember der zehnte Monat. Das Mondjahr dauerte 304 Tage und begann im März. Bei den alten Germanen war der Dezember der Julmonat, angelehnt an das Julfest. Dieses Fest der Wintersonnenwende fiel im alten Kalender auf den 25. Dezember. Gefeiert wurde der Geburtstag der Sonne, die Rückkehr des Lichts nach den langen dunklen Nächten. Die Christenheit lehnte sich daran an und legte das Hochfest der Geburt Jesu Christi ebenfalls auf den 25. Dezember. Eine Parallele zum Julfest findet sich auch im Brauchtum. Die vier Adventskerzen erinnern an das altgermanische „Lichterfest". Der letzte Monat im Jahr ist zwar dunkel und kalt, wird aber von vielen Fest- und Feiertagen erhellt.

Am 4. Dezember ist Barbaratag. Von ihrem Vater wurde die heilige Barbara hingerichtet. Der Legende nach weigerte sie sich, ihre Jungfräulichkeit wegen der Hingabe an Gott und dem christlichen Glauben aufzugeben. Seit dem Mittelalter gehört die Heilige Barbara zu den 14 Nothelfern. Sie wird besonders zum Schutz vor einem jähen Tod und als Beistand der Sterbenden angerufen. Wegen ihrer Flucht durch eine Felsspalte wurde sie auch als Schutzheilige der Bergleute verehrt. Sie ist Schutzpatronin der Hüttenleute, Geologen, Glöckner, Glockengießer, Schmiede, Maurer, Steinmetze, Zimmerleute, Dachdecker, Elektriker, Architekten, Artilleristen, Pyrotechniker und Feuerwehrleute.

Sankt Nikolaus wird am 6. Dezember gefeiert. Nikolaus von Myra verteilte das Vermögen, das er von seinen Eltern erbte, nach deren Tod an Arme. Der heilige Nikolaus von Myra ist der Schutzpatron vieler Berufe wie z.B. der Seefahrer und Händler aber auch der Ministranten und Kinder. Er wirkte in der ersten Hälfte des 4. Jahrhunderts als Bischof von Myra in Kleinasien, der heutigen Türkei. In Osteuropa ist er heute noch der beliebteste Heilige. 318 nahm er am ersten Konzil von Nicäa teil. Seit 1555 ist Sankt Nikolaus als Brauchtum des Gaben- oder Geschenkebringers belegt. Erst mit der Ablehnung der Heiligenverehrung durch Martin Luther in der Reformationszeit verschwand dieser Brauch vorübergehend in einigen Regionen. Das Geschenkebringen wurde auf den 25.12. durch den heiligen Christ verlegt, woraus sich das Brauchtum rund um das Christkind entwickelte. Der Nikolaustag ist zugleich auch der Todestag des Bischofs von Myra. Das Brauchtum ist vielfältig und regional unterschiedlich. In vielen Regionen Deutschlands werden am Vorabend Strümpfe oder Teller aufgestellt, die dann über Nacht gefüllt werden. Sankt Nikolaus heißt u.a. in Österreich und Altbayern Nikolo, in der Schweiz Santiglaus, Sinterklaas in den Niederlanden, Saint Nicholas in England und Irland, Santa Claus in Nordamerika, Nicola in Italien, Swjatoi Nikolai in Russland, Ágios Nikólaos in Griechenland, Szent Miklós in Ungarn. Begleitet wird er in vielen Teilen Deutschlands von Knecht Ruprecht, in Österreich, Altbayern, Südtirol, Schweiz, Ungarn und Norditalien vom Krampus, in den Niederlanden vom Zwarte Piet und in Frankreich vom Père Fouettard.

Am 8. Dezember feiert die katholische Kirche Mariä Empfängnis, das sog. Hochfest der ohne Erbsünde empfangenen Jungfrau und Gottesmutter Maria oder Mariä Erwählung. Das Protevangelium des Jakobus erzählt von Joachim und Anna, den Eltern Marias. Sie beklagten ihre Kinderlosigkeit. „Und siehe, ein Engel des Herrn trat zu ihr und sagte: „Anna, Anna, erhört hat Gott der Herr deine Bitte. Du wirst empfangen und gebären, und man wird von deiner Nachkommenschaft reden auf dem ganzen Erdkreis.“ Die Befreiung Mariens von der Erbsünde im Augenblick ihrer Empfängnis gehört seit dem Mittelalter zum Glaubensinhalt. Papst Pius IX. erhob die unbefleckte Empfängnis Mariens, die Immaculata conceptio, am 8. Dezember 1854 in der Bulle „Ineffabilis Deus“, der unbegreifliche Gott, zum Dogma. Da sich diese Lehre nicht aus den

Schriften ableiten lässt, wird sie von evangelischen, orthodoxen und altkatholischen Christen nicht geglaubt.

Die heilige Luzia, die Leuchtende, wurde 286 in Syrakus, Sizilien, geboren und starb 304 als Märtyrerin. Gedenktag ist der 13. Dezember. Sie nahm ihre kranke Mutter mit zu einer Wallfahrt ans Grab der heiligen Agatha nach Catania. Diese gesundete und stimmte der Auflösung ihrer Verlobung zu, da Luzia Jungfräulichkeit gelobt hatte. Der abgewiesene Bräutigam veranlasste, dass sie zur Strafe in ein Bordell gebracht werden sollte. Doch das Ochsengespann und die tausend Männer, die zur Unterstützung der Tiere den Karren mitanschoben, konnten sie nicht dorthin bewegen. Sie starb durch einen Schwertstoß in die Kehle. Die heilige Luzia ist Patronin u.a. von Siracusa und Venedig, der Armen, Blinden, reuigen Dirnen, kranken Kinder. In den nordischen Ländern, insbesondere in Schweden, gehört das Luziafest zum vorweihnachtlichen Brauchtum. Mädchen tragen weiße Gewänder, die von einer roten Schärpe gehalten werden und einen Lichterkranz auf dem Kopf. Wie die heilige Barbara gehört auch die heilige Luzia zu den Lichtheiligen im Advent.

Der Winter ist in Europa nirgendwo grimmiger und länger als in Russland. Dafür sorgt Väterchen Frost, der Herr des Winters. Er ist mehr als nur ein Geschenkebringer. Ähnlich wie Sankt Nikolaus trägt er einen bodenlangen roten, ursprünglich blauen Mantel mit weißem Pelzkragen, eine rote Mütze mit weißem Pelzrand, weißen Gürtel, Fäustlinge und Walenki, das sind warme russische Filzstiefel. Schon im November lässt er Flüsse und Seen erfrieren und Schneestürme über das Land brausen. Die Kälte klirrt, wenn er sein Zepter in den Boden stampft. Seit 2005 feiert Russland am 18. November den Geburtstag von Väterchen Frost. Die Stadt Welikij Ustjug gilt als seine Heimat. Sie liegt im Norden Russlands, etwa tausend Kilometer nordöstlich von Moskau. Die Residenz von Väterchen Frost befindet sich im Wald, elf Kilometer von der Stadt Welikij Ustjug entfernt.

Der saarländischen Gemeinde Sankt Nikolaus, einem Ortsteil von Großrosseln, geht es ähnlich wie dieser Stadt beim winterlichen und weihnachtlichen Brauchtum oder Tourismus. Dort eröffnet seit 1966 im Dezember ein Nikolauspostamt, das die Briefe „an den Nikolaus" mit einem Sonderstempel beantwortet.

Sprüche
"Bringe den Schlitten im Sommer in Ordnung, den Wagen jedoch im Winter." Russisches Sprichwort
Ist der Winter nass und frostig, werden alle Schrauben rostig.
Steht im Winter noch das Korn, ist es wohl vergessen wor'n.
Die Erde muss ein Betttuch haben, soll sie der Winterschlummer laben.

Bauernregeln
Im Dezember sollen Eisblumen blühen, Weihnachten sei nur auf dem Tische grün.
Sturm im Dezember und Schnee, schreit der Bauer juche!
Ist der Winter warm, wird der Bauer arm.
Geht Barbara im Klee, kommt das Christkind im Schnee.
Regnet's an St. Nikolaus, wird der Winter streng und graus.
Kommt die Heilige Luzia, findet sie schon Kälte da.
Je fetter Dachs und Vögel sind, desto kälter kommt das Christuskind.

Zitate
„Er gibt Schnee wie Wolle, er streut Reif wie Asche. Er wirft seine Schloßen wie Bissen; wer kann bleiben vor seinem Frost? Er spricht, so zerschmilzt es; er läßt seinen Wind wehen, so taut es auf." Ps 147, 16-18

Der alte Herr Winter

Die Bäume sind schwer, die Bäume sind weiß.
Der alte Herr Winter schickte sein Eis.
Er bricht viele Äste, splittert und ächzt.
Ein Vögelchen aus dem Unterholz krächzt.

       Er nimmt seinen Stab und klopft an die Tür.
       Er will nicht geliebt sein, hat keine Allür'.
       Er rüttelt an Fenstern, er stürmt und schneit,
       verschüttet die Eisblumenherrlichkeit.

Er lässt über Dächern nachts Eishäute wachsen,
den rutschenden Skifahrern bricht er die Haxen.
Doch wanderst du still durch das weiße Geblüt,
tönt aus der Ferne es: „Gott dich behüt."

Wintertränke

Wie zwängt sich die Landstraße
durch die still versunkenen Flure.
Von dem Schneehaupt der Sträucher
wirbelt der Wind eine Altblättermure.

Wie biegt sich das Flackerlicht
in den glühenden Straßenlaternen.
Aus den schmelzenden Flocken
bilden am Boden sich Wasserzisternen.

Wie klirren die Eiszapfen
an den frostigen Wartebänken.
Aus dem gähnenden Nebel
hüpfen Vögel an die Wintertränken.

Flockenspiel

Die Gärten gähnen morgens voller Leere,
wenn Nebel jedes Licht bekämpft, erdrückt.
Ein kleiner Rest der Sommervogelheere
am Boden unterm Strauch zusammenrückt,

um als gemischte Trupps sich zu schützen
vor Raubvögeln, andren Nahrungssuchern.
Gemeinsam sie sich gegenseitig stützen,
wenn über Nacht Schneefall und Kälte wuchern.

Die Stadt jedoch versinkt im Frost und Glatteis,
der Hauptverkehr zockelt im Schritt ans Ziel,
so viele eilen hin zum nächsten Bahngleis.

Draußen erlahmt die Welt im Flockenspiel.
Wer kann, zu Hause bleibt, lässt sich nicht zwingen.
Alleine wird uns manches nicht gelingen.

Das Krippeli

In der Notrufzentrale von Sankt Moritz sitzt Wachtmeister Meyer mit Schal und blinkender Mütze vor dem Adventskranz und blättert in einer Zeitung. Im Hintergrund läuft das Lied „Ihr Kinderlein kommet".
Eine Frau in Winterkleidung kommt mit einem Karton herein.

Touristin: „Grüezi, so sagt man doch in der Schweiz?"

Wachtmeister Meyer: „So sagt man hier. Von wo kommen Sie denn?"

Touristin: „Aus Berlin."

Wachtmeister Meyer: „Ach, eine Preußin. Nehmen Sie doch Platz." *Die Frau setzt sich hin.* „Was wollen Sie denn von mir?"

Touristin: „Also, ik bin auf der Suche nach eenem Haus."

Wachtmeister Meyer: „Dafür sind wir nicht zuständig. Sie müssen zum Fremdenverkehrsamt gehen. Ich bin die Notrufzentrale."

Touristin: „Dat is ja een Notfall."

Wachtmeister Meyer: „So, so. Dann sagen Sie mal, um was es sich handelt."

Touristin: „Mein Freund braucht ein eijenes Haus im Haus. Sonst wird dat zu unjemütlich."

Wachtmeister Meyer: „Ungemütlich? Ist ihr Freund ein Schläger? Hat er Sie verprügelt und kommen deshalb zur Notrufzentrale oder?"

Touristin: „Er kann janz schön picken, wa. Da muss ick uffpassen und Vorsorge treffen."

Wachtmeister Meyer: „Vorsorge, vor einem Freund?"

Touristin: „Wat sich lieb hat, dat neckt sich halt."

Wachtmeister Meyer: „Was sich liebt, das schlägt sich bei Ihnen? Vorsorge, so nennt man das jetzt wieder in Berlin. Wir sorgen hier nur gegen Corona vor."

Touristin: „Ick bin negativ jetestet, da brauchen Sie keene Bedenken zu haben. Also haben Sie een Haus im Haus?"

Wachtmeister Meyer: „Es ist Weihnachtssaison. Bei uns ist alles wieder ausgebucht."

Touristin: „Es muss ja nicht jroß sein. Etwa so jroß wie dieser Karton." *Stellt ihn auf den Tisch.* „Kieken Sie mal."

Wachtmeister Meyer: „So ein kleines Krippeli wollen Sie haben? Wie Maria und Josef?"

Touristin: „Janz recht, so jroß wie eene Krippe."

Wachtmeister Meyer: „Da passt aber nur ein Kind hinein. Ist ihr Freund kleinwüchsig?"

Touristin: „Für seine Art ist er janz normal groß, wa."

Wachtmeister Meyer: „Wie sieht denn diese Art aus?"

Touristin: „Die sind alle janz jelb."

Wachtmeister Meyer: „Ach gelb? Chinesen dürfen seit der Coronapandemie nicht mehr in die Schweiz einreisen, da kann der Freund noch so klein sein."

Touristin: „Aber er ist janz lieb. Nur manchmal, da piept er halt ein wenig."

Wachtmeister Meyer: „Bei ihnen piept es wohl auch. Ist das etwa wieder so eine feindliche Übernahme? Hat die Pandemie nicht ausgereicht? Wollen Sie der Schweiz jetzt den Krieg erklären?"

Touristin: „Wat, wat reden sie denn da. Feindliche Übernahme, Krieg? Un dat an Weihnachten?"

Wachtmeister Meyer: „Das hat es schon einmal gegeben. Damals in Bethlehem. Da hat man die Kinder auch alle umgebracht."

Touristin: „Mein kleener Freund bringt niemand um, der bringt den Kleenen nur Freude."

Wachtmeister Meyer: „Aha, das ist ja eine saubere Verschleierungsmethode. Aus Gewalt soll Freude werden. Zuerst zupicken und dann piepen sie."

Touristin: „Aber Herr Wachtmeister, er tut keener Flieje wat zu leide, meistens jedenfalls nicht."

Wachtmeister Meyer: „Es tut mir leid, sie lösen mit ihrem Freund eine internationale Verwicklung aus. Ich muss die Kantonspolizei rufen."

Es fängt an zu piepen.
Wachtmeister Meyer erschrocken: „Ha, was ist denn das, haben sie das gehört. Das Piepen im Karton, das tickt ja wie eine Bombe! Machen Sie sofort das Paket auf und stellen diesen piependen Zünder ab, sonst muss ich das Bombenräumkommando rufen."

Touristin: „Det is ja nicht zu glauben! Gut, wenn Sie wünschen, mach ick dat Papier ab. Aber ick kann nicht garantieren, dass dat Piepen uffhört. Er war die janze Zeit im Dunkeln. Uff ihre Verantwortung."

Wachtmeister Meyer duckt sich unter den Tisch, sie reißt das Packpapier ab und stellt einen Käfig mit einem Kanarienvogel auf den Tisch.

Wachtmeister Meyer schaut vorsichtig wieder auf: "Haben Sie die Bombe abgestellt? Was, was, was ist das denn? Sie haben ja vielleicht einen Vogel!"

Touristin: "Sag ick doch, een kleena jelber Freund. Haben Sie jetzt vielleicht ein Haus für mich?"

Jt gift jò gleich dunkel

It gift jò gleich dunkel, it gift jò glcich Naat.
Eich gehn bei de Häälònd, weil dea uf meich waat.
Eich singen än Littchin, dem Kindchin, dem Klään.
Dau konnscht sunscht nit schlòòfen bis eich dò geween,
heija, heija, schlòòf scheen mein léjf Kind.

Vagess nua mein Kindchin dein Kumma, dein Lääd,
dass dau muscht so leijen ohn Bux und ohn Klääd.
Die Engel die hallen im Stall deich scheen waam,
nit waama än Keenisch hat's met all sei'm Kram,
heija, heija, schlòòf scheen mein léjf Kind.

Oh Kindchin, dau leischt in da Kripp jò so scheen.
Eich glaaw, eich kònn ga nimme jetzt von dir gehn.
Eich winsch dia von Herzen än gònz siiße Rou.
Vom Himmel die Engelscha decken deich zou,
heija, heija, schlòòf scheen mein léjf Kind.

In Rou mach die Guckelcha zou un in Fried
un gif mia zum Abschied dein Sejen noch mit.
Dònn kònn eich aach schlòòfen von Sorjen gònz frei,
dònn kònn eich meich hinleen und froh sin dabei,
heija, heija, schlòòf scheen mein léjf Kind.

Moselfränkische Übertragung des Liedes „Es wird scho glei dumpa"
Musik und Originaltext: Anton Reidinger 1884, Österreich, Tirol

Das kleine Tännlein

Im Wald stöberten die Arbeiter. Es hackte und knackte, Motorsägen heulten auf. Wenn die Stämme zu Boden fielen, schallte und donnerte es wie bei einem Meteoriteneinschlag. Die schönsten Tannen für den Christbaumverkauf sammelten sich Stück für Stück am Waldrand und wurden nacheinander in den Anhänger des Lastwagens verfrachtet. Durch das Waldstück zog sich bereits eine große Schneise, als die Christbaumfäller beschlossen, dass die Anzahl der aufgeladenen Tannen für den diesjährigen Weihnachtsbaumverkauf wohl ausreichen würde. Sie stellten die Arbeit ein und fuhren davon.

Die kleinste Tanne aber blieb zurück und stand nun allein inmitten des halb gerodeten Waldstückes, streckte die jungen Zweige aus und fühlte sich verlassen.

„Ich bin für nichts gut", klagte sie, „ich bin zu klein, um als Weihnachtsbaum leuchten zu dürfen und zu dünn, um der kalten Witterung standhalten zu können. So werde ich nie ein großer Tannenbaum werden."

Jetzt begann es auch noch zu schneien. Das Tännlein fror und zitterte, niemand konnte ihm gegen den rauen Wind Schutz bieten. Der Schnee wuchs, türmte sich auf und bald sah das Tännlein wie ein Schneemann aus.

Plötzlich flitzte ein Eichhörnchen unter die Schneezweige und vergrub seine Beute. Dann wuselte es im Schnee. Eine Waldmaus kam angeschlichen, sprang auf einen Zweig und dann auf den Boden. Kurz darauf flog eine Tannenmeise heran, lies sich auf der Tannenspitze nieder und begann zu singen. Zu guter Letzt kam eine Rehfamilie aus dem Gehölz getrabt und umlagerte das Bäumchen, so dass der Wind nicht mehr ganz so arg durch die Nadeln fauchte.

Die Tannenmeise hüpfte hin und her und naschte vom Schnee. Das Tännlein war kitzlig und musste lachen. Dabei verschütteten die Zweige den überhängenden Schnee und bildeten eine kleine Schneemauer am Boden. Das war dem Eichhörnchen und der Waldmaus gerade recht.

„Danke für den Schutz", räusperte sich das Pelztier, „jetzt kann ich hier meine Winterruhe halten."

Die Waldmaus piepste: „Gut, gut, für mich reicht die Höhle unter deinen Zweigen aus. Hier findet mich so schnell kein Fuchs."

Es hörte auf zu schneien, die Rehe sprangen vergnügt um die Tanne und spielten im Schnee. Das Tannenmeislein pfiff ununterbrochen und wenn man genau hinhörte, klang es fast wie das Lied „Oh Tannenbaum".

„Ah", freute sich die kleine Tanne, „ich habe doch eine Aufgabe. Wenn ich auch noch zu klein für das Weihnachtfest bin, für die Waldtiere bin ich groß genug. Danke lieber Schnee, dass du mir das zugetraut hast, danke liebe Tiere, dass ihr euch bei mir eingenistet habt. Nun weiß ich, dass es niemand auf der Welt gibt, für den das Leben keine Aufgabe hat."

Der Schnee glitzerte und funkelte. In diesem Winter fiel er ununterbrochen vom Himmel, damit das Tännlein seiner Aufgabe gerecht werden konnte. Die kleine Gemeinschaft der Waldtiere rückte enger zusammen. So hatte jeder mehr Schutz vor der Witterung und war nicht allein. Das Tännlein indes wuchs zu einer stattlichen Größe heran und konnte im Jahr darauf als Weihnachtsbaum von den Menschen geschmückt werden, um zu Ehren der Geburt des kleinen Jesuskindchens zu strahlen und zu leuchten.

Schlittenfahrt

Hör doch, die Schlittenglocken,
sie singen, der Winter ist hier,
Komm her ins Winterwetter,
ich fahre zusammen mit dir.

    Draußen ist Schnee gefallen
    und alle rufen Juhu.
    Komm fahr mit mir im Schlitten,
    sag mir, was meinst du dazu?

Im Galopp, im Galopp, im Galopp geht' los.
Schau nur wie es schneit.
Wir fahren im Winterwunderland.
Im Galopp, im Galopp, im Galopp, famos,
komm gib mir die Hand.
Wir gleiten dahin, hör das Lied
von dem Winterzauberland.

Die Wangen sind schön rosig,
es ist gemütlich mit dir.
Wir kuscheln uns zusammen
und du nimmst die Decke von mir.

    Wir fahren durch die Landschaft
    und singen fröhlich dabei.
    Wir fahren im Galopp
    und wir fliegen wie Vögel so frei.

Eine Geburtstagsfeier dort im Hof am Bauernhaus,
lass den Tag uns enden dort mit einem Festtagsschmaus.
Lass uns singen ein Lied, ein Winterlied,
wir hören noch nicht auf.
Am Kamin sitzen wir, die Maronen springen auf.

Dieses Glücksgefühl kann man nicht kaufen in der Welt,
wenn man Glühwein trinkt und Lebkuchen jetzt Einzug hält.
Es ist fast wie ein Bild, ein Glitzerbild,
das aus dem Märchen sprang.
Wie wundervoll ist alles hier, wir erinnern uns ein Leben lang.

Hör doch, die Schlittenglocken,
sie singen, der Winter ist hier,
Komm her ins Winterwetter,
ich fahre zusammen mit dir.

    Draußen ist Schnee gefallen
    und alle rufen: "Juhu".
    Komm fahr mit mir im Schlitten,
    sag mir, was meinst du dazu?

Im Galopp, im Galopp, im Galopp geht' los.
Schau nur wie es schneit.
Wir fahren im Winterwunderland
Im Galopp, im Galopp, im Galopp, famos,
komm gib mir die Hand.

Wir gleiten dahin, hör das Lied
von dem Winterzauberland.
Die Wangen sind schön rosig,
es ist so gemütlich mit dir.
Wir kuscheln uns zusammen
und du nimmst die Decke von mir.

    Wir fahren durch die Landschaft
    und singen fröhlich dabei.
    Wir fahren im Galopp
    und wir fliegen wie Vögel so frei.

Das Gedicht „Schlittenfahrt" kann auf die Melodie „Sleigh Ride" von Leroy Anderson gesungen werden.

Kalendernotiz: Die Christrose

Die Christrose wird auch Nieswurz oder Schneerose genannt. Es gibt sie in über zwanzig Arten. Christrosen gehören zur Familie der Hahnenfußgewächse und sind immergrün. Als besonders wertvolle Gartenstauden sind sie sehr langlebig und entwickeln sich im Lauf der Jahre zu großen, reichblühenden Horsten. Die eigentliche Christrose, Helleborus niger, blüht um die Weihnachtszeit. Ab Februar blüht die immergrüne Art Helleborus foetidus.

Die Schneerose steht auf der Roten Liste der Bundesartenschutzverordnung und ist deshalb besonders geschützt. Die Christrose heißt in Österreich auch Schneebleamal (Schneeblume), Märzenkaibl und Krätzenblum. Regionale Bezeichnungen sind Brandwurzel, Feuerwurzel, Frangenkraut, Gillwurz, Weihnachtsrose, Winterrose, Gliedkraut, Herzfreund, Leberkraut, Maiblume, Maichrut, Maikraut Möösch, Teekraut, Waldmeister, Waldtee.

Die Schneerose galt wegen ihrer Blüte zur "Heiligen Zeit" als heilig. Man schrieb ihr besondere Kräfte zu, z.B. böse Geister auszutreiben oder die Pest zu heilen. Der griechische Gattungsname Helleborus niger setzt sich zusammen aus Hellein für töten und bora für Speise, was darauf hinweist, dass der Verzehr tödlich wirkt. "Niger" weist auf die schwärzlichen Wurzeln hin. Als Zauberpflanze wurden ihr eine Reihe magischer Wirkungen nachgesagt. So soll sie Hexen, die ein Stückchen der Pflanze vor ihre Füsse streuten, unsichtbar gemacht haben.

Die Christrose ist wegen des bitteren, stark herzwirksamen Glykosids Hellebrin und des Saponins Helleborin sehr giftig. Die Vergiftungssymptome Schwindel, Durchfall und Kollaps ähneln denen einer Herzglykosid-Vergiftung. Weitere Giftstoffe wirken haut- und schleimhautreizend. Im Wurzelstock ist die stärkste Hellebrin-Konzentration zu finden. Vergiftungen durch Schneerosen sind deshalb eher selten beobachtet werden.

Das Pulver der Wurzel wurde früher als Niespulver, u.a. in Schneebergers Schnupfpulver, verwendet. Die schwarzbraunen Wurzelstöcke wurden als Herzmittel und harntreibendes Medikament genutzt. Allerdings wiesen bereits im 16. und 17. Jahrhundert Kräuterbücher auf die Giftigkeit sowie auf die Gefahr einer Überdosierung dieser Pflanze hin. So heißte es: „3 Tropfen machen rot, 5 bringen den Tod." In der Volksmedizin findet die Schneerose als Brech- und Abführmittel Verwendung.

Die deutsche Bezeichnung Christ- oder Schneerose bezieht sich auf die Blütezeit im Winter. Die bereits im Altertum angewandte und gegen geistige Verwirrtheit genutzte und geschätzte Pflanze hat ihre Berühmtheit dem Umstand zu verdanken, dass angeblich ein Ziegenhirt damit die Töchter des Königs Proitos von Argos vom Wahnsinn geheilt haben soll.

Auf dem Land galt die Christrose als Orakelblume. Man stellte in der Weihnachtsnacht zwölf Blütenknospen der Christrosen ins Wasser. Jede Knospe bedeutete einen Monat. Je nach dem, wie sich die Knospen öffneten, las man daran das Wetter des kommenden Jahres ab. Geschlossene Knospen bedeuteten schlechtes Wetter, offene gutes Wetter.

Die Legende berichtet, dass der Mönch Larentius während einer Winterwanderung eine Christrose sah, die aus dem Schnee herauswuchs. So inspiriert dichtete er das Lied, „Es ist ein Ros entsprungen". In der Ursprungsfassung von 1599 hatte es einst 23 Strophen.

Eine andere Legende besagt, dass die Christrose aus den Tränen eines Hirten entstanden wären, die dieser vergoss, weil er vor lauter Armut dem Jesuskind kein Geschenk machen konnte. Als aus den Tränen diese wunderschöne weiße Rose erwuchs, brachte der Hirte dem Jesuskind die „Christ-Rose".

Wenn Christrosen blühen

Wenn Schneeflocken fallen
der Wind flüstert ganz leise,
wundersame Weise
klingt wie Glockenklang.

Hört himmlisches Schallen,
ein Kind soll uns geboren,
im Schnee blüht weiß, verloren,
Christrose im Hang.

Wenn Christrosen erblühen
fällt draußen der Schnee,
funkeln alle Sterne,
Eis glitzert im See.

Wenn Christrosen erblühen
steht Weihnachten bereit,
zünd an eine Kerze
für die heilige Zeit.

Sieh nur was im Stall liegt,
was Gott uns hat gebracht
aus dem Schoß der Mutter
in heiliger Nacht.

Das Jesulein lächelt,
sein Licht strahlt in die Welt,
alles ist erleuchtet
von Liebe, die trägt und hält.

Wenn Christrosen erblühen,
erblüht uns auch das Heil.
Öffne deine Seele,
werde des Ewigen Teil.

Der Fuchs und die Christrose

Im Schnee schnürt ein hungriger Fuchs auf der Suche nach Nahrung und findet eine Christrose. Er wundert sich über die schneeweißen Blütenblätter.

Fuchs: „Was fällt dir ein im Winter zu blühen?"

Christrose: „Ich bin die Frostfrau, meine Blüte ist eine Ehrengabe."

Fuchs: „Du verstößt gegen die Gesetze des Winters."

Christrose: „Die Wintergesetze gelten für mich nicht."

Fuchs: „Aber im Winter gibt es kein Wachstum. Es ist zu kalt!"

Christrose: „Ich wachse aus der Dunkelheit nach oben ins Licht."

Fuchs: „Wie heißt du denn?"

Christrose: „Ich bin die Christrose."

Fuchs: „Dann pass nur auf, dass du nicht gefressen wirst. Du bist eine Rose ohne Dornen."

Christrose: „Ach, ich schmecke nicht. Ich bin giftig. Wer mich frisst, wird sich lange Zeit schmerzvoll an mich erinnern."

Fuchs: „Du bist ungenießbar? Sagtest du nicht, du seist eine Ehrengabe?"

Christrose: „Ich bin die Blume der Heiligen Nacht und ehre die Geburt des Herrn durch meine weißen Blütenblätter. Ich bin so rein und weiß wie der Schnee."

Fuchs: „Du bist wohl die Unschuld vom Lande! Als ob der Schnee Reinheit garantieren würde und die Nacht heilig wäre."

Christrose: „In der heiligen Nacht kommt der Christ zur Welt. Und das Wort ist Fleisch geworden und hat unter uns gewohnt."

Fuchs: „Worte werden Fleisch? Da bekommt man ja Hunger, wo es im Winter doch nichts zu fressen gibt. Wo finde ich denn diese Mahlzeit?"

Christrose: „Im Stall in einer Krippe."

Fuchs: „Kannst du mir den Weg beschreiben?"

Christrose: „Immer den Sternen nach."

Fuchs: „Nachts soll man den Braten riechen?"

Christrose: „In einer stillen Nacht, wenn ein Stern hoch oben am Himmel steht. Dem musst du folgen. Er bleibt genau über der Hütte stehen."

Fuchs: „So, so. Das wird einen Auflauf geben bei so vielen hungernden Tieren. Du solltest das für dich behalten."

Christrose: „Eine Lichtgeburt kann man nicht vor der Welt verbergen. Sie ist Nahrung für alle Seelen."

Fuchs: „Für alle Seelen. Ich denke, aus den Worten soll Fleisch werden."

Christrose: „Das Jesuskind ist nicht von dieser Welt."

Fuchs: „Dann ist es genau so ungenießbar wie du?"

Christrose: „Im Gegenteil, es ist das Heil der Welt."

Fuchs: „Es wird meinen Hunger ohne Mahlzeit stillen?"

Christrose: „Wenn du es siehst, wirst du reich beschenkt sein von seinem Geist. Deine Seele wird erfüllt sein. Der Herr ist dein Hirte, dir wird es an nichts mangeln."

Fuchs: „Das ist wohl ein richtiger Wunderknabe? Wer's glaubt, wird selig!"

Christrose: „Jetzt hast du es verstanden. Wenn du dich rechtzeitig aufmachst, wirst du ihn finden. Aber vertreib mir die Schafe nicht, sie sind bereits unterwegs."

It is foa us än Zeit lòhea kumm

It is foa uus än Zeit lòhea kumm,
die macht us ään riesisch Frääd.
Iwa Felder volla Schnee
scheesen mia, scheesen mia
durch die weiß Welt volla Schnee.

Unam Eis schlóóft da Bach un da See.
In än dejfen Tròòm is da Wald gefall.
Fällt da Schnee leis aus da Hee
scheesen mia, scheesen mia
durch die weiß Welt volla Schnee.

Hoch òm Himmel dò
glitzat em Stillen än Stern,
usa Herz is froh dabei,
unam Sternenschein im Schnee
scheesen mia, scheesen mia
durch die weiß Welt volla Schnee.

Moselfränkische Übertragung des Liedes „Es ist für uns eine Zeit angekommen" Musik: Schweizer Sterndreherlied 19. Jhd. Originaltext: Paul Hermann 1939.

Lawinenwarnung

Es war immer dieselbe Lawine, die da oben am Gipfelkreuz des Rosengartenmassiv lauerte und den Skifahrern am liebsten auf den Kopf gesprungen wäre, so sehr ärgerte sie sich über die Ruhestörung in den Wintermonaten. Bereits ab Oktober rührte die Werbeindustrie so viele Trommeln, dass der Lärm bis hinauf in alle Gipfel drang und König Laurin, Gott hab ihn selig, sich wahrscheinlich die Tarnkappe über die Ohren gezogen hätte in der Hoffnung, sie würde nicht nur unsichtbar machen, sondern auch den Lärm abhalten.

In diesem Winter, dachte die Lawine, werde ich die Sonne anflehen, uns ein paar überzählige Strahlen vom Südpol zu schicken, damit der Schnee auf den Hängen und Abfahrten nicht lange liegen bleibt und die Gipfelspitzen in aller Ruhe ihre Schneeplatten und Eiszapfen pflegen können. Womöglich hätte dann der verschwundene Rosengarten König Laurins noch einmal aufgeblüht und alle mit ihrem lieblichen Aroma verwöhnt.

Rosenblüte im Eismeer, träumte die Lawine und tropfte voll Rührung vor sich hin. Die Vorstellung übermannte sie so sehr, dass sie das Weinen nicht mehr unterdrücken konnte und sie sich in Auflösung befand. Das kleine Bächlein hüpfte von Fels zu Fels, um sich schließlich in einen größeren Wildbach zu verwandeln, der sprudelte und sich durch alle Windungen des Gesteins hindurch schlängelte und schließlich irgendwo im Tal anlangte.

Jedenfalls wässerte er die Wiese, die ihn auffing und sich über die Feuchtigkeit freute, denn tatsächlich war bis in den Dezember hinein noch kein Schnee gefallen. Vom Blumenschmuck war nur noch die Winterrose übrig, die Nieswurz, die für so viele Dinge bei den Menschen herhalten musste. An diesem Tag jedoch labte sie sich an den Tränen der Lawine und entfaltete vergnügt ihre lieblich samtig-weißen Blütenblätter, stellte ihre Blütenstempelchen auf und blickte voll Dankbarkeit zur Felskrone der Rosengartengebirgskette auf.

Die Lawine aber, die von oben das gelbe Blinken vernahm, dachte, dass die Sonne den Stoßseufzer gehört haben musste und schwor bei Laurin, die Skifahrer aus Dankbarkeit von ihren Brüdern und Schwestern verschonen zu lassen. Die Christrose aber dankte der Schöpfung für die feuchte Gabe und faltete die grünen Blätter zum Gebet für das Jesuskind, das sie in diesem Jahr pünktlich zum Geburtstag mit ihrem Blumenschmuck würde erfreuen können.

Glitzerschnee und warmer Tee

Glitzerschnee und warmer Tee,
hinter Fenstern lässt's sich schauen,
in die Weite hoher Gipfel,
Felsenspitzen, Winde rauen.
Nimm die Sonnenbrille ab
und das Licht, und das Licht
durch Wolken bricht.

Lass das Sorgen, lass das Mühen
atme einfach ein und aus.
Spür die Freiheit deiner Träume,
Wünsche im Gedankenhaus.
Alles wird ganz leicht und klein,
achte dich, achte dich
und kehre ein.

Einer wacht am hohen Himmel,
lässt dich wachsen, lässt dich sein.
Seine Engel dich beschützen
lass dich einfach darauf ein.
Gottes Liebe gilt auch dir
folge nur, folge nur
der Liebesspur.

Auf kalten Bänken

Auf kalten Bänken
Versammlung der Wintervögel.

Tannen schütteln sich,
Last fällt ab.

Eichhörnchen graben
im Schneegrund
nach der Vorratskammer.

Rehe im Anlauf,
sichten den Futterplatz.

Im Stroh
weint ein Findling
sich müde.

Höhere Gewalt

Oh sieh nur, es schneit! Die Himmelslawine aus weißen, federleichten Flocken rollte über das Köllertal, füllte die Mulden und Hänge der Gärten und Felder mit einer glitzernden Schneedecke. Vom Wohnzimmer aus strahlte mir das weiße Geblüt hinter dem Haus entgegen, das zarte Gewöll über der Lebensbaumhecke, himmelhoch wachsend. Tannen sahen bald wie der Turmbau zu Babel aus, windschief, aufgepfropft, überladen. Die Steilhänge aus Schnee lockten Vögel zur Rutschpartie am Futterhaus. Der Überhang des Kandelabers mopste auf, bis auch er ins Schlingern geriet.

Der Schnee machte vor nichts und niemandem Halt. Ausnahmslos nahm er von allem Besitz, was sich ihm in den Weg stellte. Vergessene weiße Sonnenstühle wurden zu Schneeskulpturen, bildeten mit dem Tisch ein Stillleben. Ja, wortkarg ist der Winter, leicht und lockend wenn es so schneit wie heute und schwer und belastend, wenn der Frost alles erstarren lässt und das Leben in der Natur zur Herausforderung wird.

Die wenigen Schneetage der letzten Winter dienten bei uns dem Erlebnisfaktor. Kinder funktionierten steile, unbefahrbare Straßen zu Abhängen um und rutschten mit ihren Schlitten hinunter. Sankt Moritz im Köllertal. Das war ein Lachen und Jauchzen! Es ersparte außerdem die Reise in die Wintersportgebiete, wenngleich die Gemeinden hierzulande im Chaos versinken, wenn die Wettervorhersage ungenau ist. Auch wenn sie zutrifft, sind nur die Hauptverkehrstrassen, die Dorfmitte oder das Stadtinnere befahrbar. Die Seitenstraßen werden meist nicht mehr geräumt. Das führt dazu, dass Arbeitnehmer ein Zubringerproblem haben. Die höhere Gewalt muss fürs Zuspätkommen und Ausfälle herhalten. Die höhere Gewalt, die auch dafür sorgt, dass Wintergefühle die Sehnsucht nach Weihnachten aufkommen lässt. Der Wunsch, anderen Menschen nahe zu sein, sich nicht mehr allein zu fühlen, dazu zu gehören und in einer Gemeinschaft Geborgenheit finden.

Weihnachten, die höhere Gewalt aus der anderen Zeit, die sich uns in der Gegenwart nicht erschließt, die höhere Gewalt der Schöpfung, die uns immer wieder begegnet und uns erahnen lässt, dass der Sinn dem Sinnen entspringt und erst erfahrbar werden kann, wenn wir unserem inneren Sinn folgen, wenn unser Dasein unserem Sosein entspricht. Doch woher können wir das wissen? Wie können wir uns unseren Lebensauftrag erschließen?

Vielleicht, dachte ich, als ich die Terrassentür öffnete und den frischen Wind einatmete, solltest du auch wie der kleine Vogel auf dem Dach des Futterhauses landen und deiner Fähigkeit zur Balance vertrauen. Vielleicht ist das Scheitern vor deinen eigenen Ansprüchen die höhere Gewalt des Lebens. Vielleicht ist das unbedingte Anhäufen von Wissen nicht der eigentliche Lebensauftrag. Denn vieles wissen wir erst dann, wenn wir es wissen müssen. Und vieles wissen wir in diesen Augenblicken, ohne es vorher gelernt zu haben.

Vertrauen, dachte ich, vertrauen in sich selbst ist vielleicht der eigentliche Anspruch, dem wir gerecht werden sollten, Vertrauen in Gottes unerschöpfliche Schöpfung, Vertrauen in die Kraft Gottes, in die Fähigkeit des Geistes, die sich in allem widerspiegelt, was lebt. Weihnachten mit nur einem einzigen Wunsch feiern, die Kraft zu entdecken, Gott zu vertrauen, sich selbst und den Menschen, die um einen sind.

In Schneestunden

In Schneestunden
fällt das Herz aus dem Kopf.

Nie ist Heimat
erwünschter.

Mit der Dunkelheit
öffnet die Sternenzeit.

Die Krippe, mondbewegt,
wagt den Nachtgang.

Unter dem Himmel
Gesang der Gläubigen.

Im Stall brennt ein Licht.

Das Lächeln eines Engels

Eine Freude war das! Das Möbelhaus warb mit einem glänzenden Prospekt, der Weihnachtsmarkt war eröffnet. Anfang November. Auch wenn der Advent erst im Dezember beginnt, wollte ich doch vorbereitet sein. Je näher der erste Advent rückte, desto geringer wurde nämlich die Auswahl.

Ich fuhr los, fand sofort einen günstigen Parkplatz und schritt voller Vorfreude durch die Glasdrehtür. Links und rechts standen Sicherheitsleute. Klar, es wurde viel gestohlen. Auch oder erst recht an Weihnachten. Meine Hände waren leer und Taschen hatte ich keine dabei. Man winkte mich durch.

Direkt vor meinen Augen leuchtete, strahlte und funkelte es, was das Zeug hielt. Der erste Stand links an der Rolltreppe entlang lockte mit silbernen Kerzenständern, Engelfiguren, Glocken und Windlichtern aus Kristallglas. Edel, wirklich sehr edel wirkten die Ausstellungsstücke, was sich auch im Preis widerspiegelte. Am Stand gegenüber glitzerte es in goldenen Farben.

Trendsetter in diesem Jahr war die Krönchenform. Ob Kerzenständer, Gebäckschälchen oder Baumhänger, die Krone als Symbol für den König der Könige zierte alle möglichen Dekorationsartikel. Ziemlich prunkvoll, dachte ich, angetan von dieser Pracht und auch wiederum nicht. Der eigentliche Sinn des Weihnachtsfestes ging in dieser großbürgerlichen Schau unter. Jedenfalls schien es mir so.

Ich schlenderte an den nächsten Stand. Dort war alles in rosa gehalten, am Stand daneben alles in blau. Ganz hinten erst tauchten das traditionelle Rot und Grün auf. Weihnachtsmänner, Nussknacker, Wichtel und die Tischwäsche erinnerten mich an meine Kindheitstage, als es an Geld sehr mangelte und wir den Weihnachtsschmuck selbst bastelten: Sterne aus Stroh für den Baum und Sterne aus Glanzpapier für die Fenster. Mehr hatten wir nicht. Nein, das stimmt nicht ganz. Auch Lametta schmückte den Tannenbaum.

Jedes Jahr bügelte es Mutter wieder frisch auf, damit es so richtig silbrig glänzte. Und Kerzen natürlich. Ein Weihnachtsbaum ohne Kerzen war undenkbar.

Plötzlich fühlte sich alles wie Tand an, mehr noch, es kam mir fast wie ein Verrat vor, die Geburt Jesus Christus mit diesen überbordenden Glanzstücken zu feiern. Schließlich kam Maria in einem Kuhstall nieder. Das Heil der Welt teilte sein Schicksal mit den Ärmsten der Armen. Wie konnte ich da die Wohnung derartig prunkvoll ausschmücken wie einen Kaisersaal? Genügten Gestecke aus Tannenzweigen nicht mehr und der angesammelte Christbaumschmuck aus all den voraus gegangenen Jahren?

Der Kaufrausch löste sich urplötzlich in nichts auf. Einzig allein eine Engelfigur lächelte mir zu, so als hätte sie die ganze Zeit ein Auge auf mich geworfen. Der Engel wollte mich wohl davor bewahren, vor lauter Begeisterung über den Weihnachtschmuck den eigentlichen Sinn zu vergessen.

Ja, dachte ich, das war sicher ein Schutzengel. So trug ich nur diese Engelfigur nach Hause und stellte sie ins Fenster. Alle, die mit uns Weihnachten feierten und uns besuchten, konnte der Engel so in den Blick nehmen und beschützen. Dort steht er heute immer noch.

Der Riss der Stechpalme

Stechpalmen
wie Schutzzäune
in die Landschaft gewildert

An Blattdornen
flattern Fellrisse
wie Trophäen

früh im Winter
trinken Amseln
den Winterbeerenbrand

taube Landschaft
tagsüber

in der Nacht
schlafen die Krähen
im Schneebett

Kinderträume

Hatten Kinder, die aus Zufall gezeugt wurden, ein Recht auf Leben? Regina quälte sich seit ein paar Tagen mit den Gedanken einer möglichen Schwangerschaft. Eine Zufallsbegegnung hatte sie unvorsichtig werden lassen, ein Verstoß gegen ihre Prinzipien. Aber sie war so berauscht, dass sie nicht anders konnte. Dabei kannte sie nicht einmal seinen Namen. Jetzt blieb die Regel aus.

Wie sollte sie dies ihrer Familie erklären, wie ihrem Mann beichten, dass sie in einem Moment der Verzückung untreu geworden war. Die süße Versuchung, an die sie eigentlich gar nicht glauben konnte und die auch keine Entschuldigung für sie war. Körperliches Begehren ohne jede Absicht auf Beziehung. Würde sie ihrem Mann das jemals verzeihen? Verantwortung, Schuld und Vergebung waren Fragen, die sie marterten, auf die sie keine Antworten fand. Und das ausgerechnet vor Weihnachten. Was hatte sie sich nur dabei gedacht?

„Liebling, kommst du mal bitte", rief Peter.

Sie eilte in die Küche. „Was gibt es denn?" fragte sie schuldvoll.

„Hast du gewusst, dass die Winters Nachwuchs erwarten?" fragte er.

„Nachwuchs? Irene?" Sie schluckte. „Nein, sie hat mir nichts erzählt."

„So sind die Freundinnen, reden über alles Mögliche und Unmögliche, aber die wichtigen Dinge verschweigen sie sich."

„Ach was, das hat sie bestimmt vergessen oder es war noch nicht sicher", versuchte sie zu ergründen.

„Du hast für alles eine Erklärung, das lieb ich so an dir. Stell dir das mal umgekehrt vor. Das gäbe einen Dorfaufstand", meinte der Ehemann.

Recht hatte er ja, Irene würde den Mund nicht mehr zu bekommen. Klatsch war ihre erste Schwester.

Peter stand auf, zog die Jacke an und sagte: „Es wird heute etwas später werden." Ein Kuss auf die Wange und schon war er aus der Tür.

Sie räumte das Geschirr in die Spülmaschine, zog ihren Mantel an und verließ ebenfalls das Haus.

Im Büro angekommen klickte sie sich durch das Internet. Schwangerschaftsabbrüche wurden einem geradezu angeboten oder anders gesagt, es war nicht unmöglich, nach einer Beratung legal und keine Straftat mehr. Wie würde ihr Leben mit einem Kind aussehen, fragte sie sich. Eine Auszeit war sicher nötig, zeitlich begrenzt jedenfalls. Sie konnte der nächsten Beförderung im Wege stehen… Karriere, ja Karriere mussten heute alle machen. Es genügte nicht mehr, seinen Lebensunterhalt selbst zu verdienen. Nein, ein angesehenes Mitglied dieser Gesellschaft musste irgendeinen Posten vorweisen, als ein Statussymbol. Frauen erst recht, wollten sie als emanzipiert gelten. Kinder waren da nur Steine im Weg. Trotz Kindertagesstätte und Ganztagschule. Eltern hatten Verpflichtungen, die sie davon abhielten, ganz im Beruf aufzugehen, ihr Leben ganz der Firma zu widmen. Wollte sie das auch oder folgte sie nur dem vermeintlich vorgegebenen gesellschaftlichen Auftrag?

Sie fragte sich, wie ihr Mann zu Kindern stand. Eigentlich sprachen sie nie über Familienplanung, Kinder waren einfach kein Thema für sie. Sie klickte weiter und kam auf eine Seite mit Kinderausstattung. Das Himmelbettchen, das Mobile über dem Köpfchen zur Anregung, die Plüschtiere, die süßen Strampler, Jäckchen und Schühchen. Sie klickte sich immer weiter durch das Babyangebot und ihr Herz verspürte eine wahre Freude. Wie schön das alles war und doch so kompliziert.

Abbruch oder Geburt? Ein Kind von einem fremden Mann. Sollte sie es beichten oder verschweigen? Jetzt fiel die Antwort schwer. Wäre es nicht das Wichtigste im Leben überhaupt, neues Leben zu schenken? Egal von wem auch immer? Da war etwas in ihr, das man wohl Mutterinstinkt nannte. Würde sie es jemals verarbeiten, einem Kind das Leben gestohlen zu haben? Aber es war bis jetzt noch gar keine Leben. Oder doch? Bis jetzt stand ja auch noch gar nicht fest, ob sie wirklich schwanger war. Die Regel blieb aus, das war der Tatbestand. Das Telefon klingelte.

„Frau Meier, ist die Vorlage für die Sitzung fertig? Sie wissen, ich muss sie heute noch weiterleiten", hörte sie ihre emanzipierte Chefin sagen.

„Ich bin dran, bis um elf Uhr werde ich sicher fertig sein. Ich maile Sie ihnen sofort zu", hörte sie sich sagen.

„Dann ist es ja gut", sagte die Vorgesetzte und legte auf.

Die Zeit vergessen, oh je, jetzt musste sie aber sofort beginnen. Nein so was, Kinderträume. Im wahrsten Sinn des Wortes?

Sie schaffte es gerade noch rechtzeitig. In der Mittagspause löffelte sie einen Joghurt, trank einen Kaffee. Plötzlich zog es im Magen. Was war das? Hatte sie Hunger oder Muskelkater? Oder aber? Der Schmerz war ihr nur zu bekannt. Sie schnappte die Handtasche und ging zur Toilette. Ja, da war sie, die Monatsblutung, bloß verschoben, nicht schwanger!

Ob sie erleichtert war? Vielleicht war das schlechte Gewissen nur vorgeschoben, vielleicht wünschte sie sich ja so sehnlichst ein Kind, dass sie ihre guten Vorsätze einfach über Bord geworfen hatte? Die Gedanken über ein Kind brachten sie dermaßen aus der Zeit, dass sie nicht mehr davon loskam.

Am Abend bereitete sie Kartoffelauflauf vor. Peter kam hereingerauscht.

„Ah, das duftet aber gut", lobte er die Köchin.

„Ja, wie bei meiner Mutter", sagte sie.

„Mütter sind großartig", sagte Peter, „sie haben früher auf alles verzichtet und sich nur um die Kinder gekümmert. Heute würde das keine Frau mehr tun."

"Vielleicht war das kein Verzicht, sondern ihr Leben. Es hat sie ausgefüllt, Kinder groß zu ziehen und die Familie gut zu versorgen", sprudelte es aus ihr heraus.

„Hört, hört, spricht so eine emanzipierte Frau", lästerte Peter.

„Vielleicht nicht oder gerade doch. Eine Frau, die sich für ein Kind entscheidet, bestimmt selbst über ihre Zukunft. Ist das etwa keine Emanzipation?" fragte sie.

„So gesehen schon. Aber was kommt dann? Alle Pläne werden über den Haufen geworfen. Keine Freizeit mehr, nur noch Familienurlaub, weniger Geld und das alles nur für die ersten Worte Mamama?" lachte Peter.

„Kannst du dir vorstellen, dass so ein kleines Wesen Papapa plappert und dich meint?" fragte Regina.

„Nanu, das klingt ja so, als ob du dir tatsächlich Kinder wünschst. Hat dich Irene angesteckt?"

„Angesteckt?" Sie stockte für einen Moment. „Sich ein Kind zu wünschen ist doch keine Krankheit."

„Eine Impfung dagegen gibt es bisher jedenfalls nicht", flappste Peter weiter.

„Und ein Verbot auch nicht", beharrte sie weiter.

„Oho, du meinst das wirklich ernst? Willst du wirklich Kinder?" fragte er nun ernsthaft nach.

„Ich möchte ebenfalls so eine Mutter sein, wie meine und deine es waren", antwortete sie, erleichtert darüber, dass sie den Mut gefunden hatte, etwas auszusprechen, das mit vielen Änderungen einhergehen würde und nicht mehr umzukehren war.

„Wenn du das mit deiner Emanzipation unter einen Hut bringen kannst", sagte er.

„Kann ich, will ich und werde ich", sprach sie und hatte ein Lächeln im Gesicht, wie seit langer Zeit nicht mehr.

„Wer kann diesem Lächeln widerstehen. Ich hatte es schon vermisst. Wenn dir das soviel bedeutet, dann lass uns von heute an damit beginnen", sagte Peter erwartungsvoll.

Schicksal

Sternenwächter
tragen Laternen durch die Nacht.

      Himmelsboten
      verkünden die Botschaft.

Ein Menschenkind
will geboren werden.

      Maria
      birgt das Schicksal
      in ihrem Schoß.

Himmelstöne

Das Geräusch brechenden Schnees
auf den Dächern.

       Drinnen hellt Kerzenschein
       Raum und Baum.

Papiere rascheln zwischen Paketen.
Kinder bauen neue Aussichten.

       Alle Töne
       dem Himmel gewidmet.

Familienchöre festigen
die Tragweite der Botschaft.

Kalendernotiz: Advent

Älteste Spuren für die vorweihnachtliche Vorbereitungszeit finden sich in der jungen Kirche in Gallien und Spanien. Damals begann der Advent bereits am Tag nach dem Martinsfest am 11. November und endete am 6. Januar. Er hatte mit Blick auf die Wiederkunft Christi einen Bußcharakter, so dass während dieser Zeit gefastet wurde. Diese acht Wochen ergeben abzüglich der fastenfreien Sonn- und Samstage insgesamt vierzig Tage.

Der lateinische Ausdruck adventus bedeutet Ankunft, in griechisch epiphania und wird als Vorbereitungszeit auf die Menschwerdung Jesus Christus verstanden. Sie zeichnete sich durch Gottesdienstbesuche und Askese aus. Seit 1917 wird von der katholischen Kirche das Fasten nicht mehr verlangt. Ab dem 5. Jahrhundert wurde in Rom vor allem die Menschwerdung Gottes hervorgehoben.

Papst Gregor I. legte im 6. Jahrhundert in Rom die Adventsliturgie in ihren Grundzügen fest. Er kürzte die Zahl der Adventsonntage auf vier. Die vier Wochen sollten symbolisch auf die 4000 Jahre hinweisen, welche die Menschheit nach kirchlicher Rechnung auf die Ankunft des Erlösers warten musste. Erst die dem Konzil von Trient von 1545 bis 1563 folgenden Liturgiebücher schrieben den Advent gesamtkirchlich vierwöchig vor. Die reformatorischen Kirchen stehen in der römischen Tradition. 1570 legte Papst Pius V. den römischen Ritus für die katholische Kirche endgültig fest.

Die Orthodoxe Kirche begeht den Advent bis heute als Fastenzeit ab dem 15. November des entsprechenden Kalenders bis zum 24. Dezember. Am 14. November nach der alten Zeitrechnung feiert die Russisch-Orthodoxe Kirche den Gedenktag des Apostels Philippus. Das Fasten während der Adventszeit heißt Philippus-Fasten oder Weihnachtsfasten. Der Beginn des Kirchenjahres ist hier unabhängig vom Advent am 1. September.

Mit dem ersten Advent beginnt in den katholischen und evangelischen Kirchen das Kirchenjahr. Advent ist die Zeit der Erwartung. Im christlichen Weihnachts-Festkreis bereiten sich die Christen auf die Ankunft Jesus Christus vor. Jeder der vier Adventssonntage hat einen eigenen Charakter. Der 1. Advent gilt dem Kommen des Herrn, in der evangelischen Kirche dem Einzug Jesu in Jerusalem, der 2. Advent ist der Wiederkunft Christi gewidmet, der 3. Advent erinnert an Johannes den Täufer, der 4. Advent ist der Mutter Gottes Maria gewidmet, die evangelische Kirche widmet ihn der nahenden Freude durch die Geburt Jesus Christus.

Der Hamburger evangelische Pfarrer Johann Hinrich Wichern, der ein Heim für elternlose Jugendliche leitete, das sog. „Rauhe Haus", begründete das Brauchtum des Adventskranzes. Er stellte in der Adventszeit einen Holzkranz mit 19 kleinen roten und vier großen weißen Kerzen für die Adventssonntage auf. Jeden Tag wurde eine Kerze mehr angezündet. Seit 1925 wird dieses evangelische Brauchtum, allerdings jetzt mit nur noch vier Sonntags-Kerzen, auch in der katholischen Kirche gepflegt.

Der Brauch, Immergrünes in der Wohnung aufzuhängen, liegt 600 Jahre zurück. Die christlichen Symbolfarben im Advent und Weihnachten sind Grün und Rot. Grün symbolisiert die Hoffnung auf den Erhalt des Lebens im dunklen Winter. Traditionell werden deshalb immergrüne Gewächse verwendet wie z. B. Fichte, Tanne, Kiefer, Eibe, Buchsbaum, Stechpalme, Mistel, Stechginster, Wacholder.

In der Antike galt der Lorbeerkranz als ein Symbol des Sieges. Rot erinnert an das zur Erlösung der Menschheit vergossene Blut Christi. Die Farbkombination von Grün und Rot versinnbildlicht für Christen die Hoffnung auf Erlösung, auf das Kommen des ewigen Lebens nach dem Tod. Die Adventskerzen sind ebenfalls traditionell rot. Die vier Kerzen, die nacheinander an den vier Adventssonntagen entzündet werden, stehen für das kommende Licht, das an Weihnachten die ganze Welt erleuchtet.

Bauernregeln und Sprüche:

Wenn Reif an den Bäumen im Advent sich zeigt, so wird uns ein fruchtbares Jahr bezeugt.

Haben's die unschuldigen Kindlein kalt, so weicht der Frost nicht so bald.

Wenn Kälte in der ersten Adventwoche kommt, so hält sie zehn volle Wochen.

Zitate:

"Freue dich sehr du Tochter Zion und jauchze du Tochter Jerusalem! Siehe dein König kommt zu dir ein Gerechter und ein Helfer." (Sach 9, 9)

„In einer so beschaffenen Welt gleicht der, welcher viel an sich selber hat, der hellen, warmen, lustigen Weihnachtsstube, mitten im Schnee und Eise der Dezembernacht."
Arthur Schopenhauer

Sind's arme Kind, sind's reiche Kind?

Es war einmal vor unsrer Zeit,
beginnen Märchen weit und breit.
Die Kinder lauschten einst in Ruh,
lernten fürs Leben viel dazu.
Kommt heut die schöne Weihnachtswelt,
wird keine Frage mehr gestellt.

Heut wissen wir und ahnen nicht,
Computer sind für alle Pflicht.
Die Kleinsten bleiben in der Krippe,
Eltern kommen zur Stippvisite.
Sie kennen nur die Tastatur,
das digitale Leben pur.

Und Nikolaus, man glaubt es kaum,
verirrt sich im Dateienbaum.
Er macht die Speicherkarte voll
und nicht die Socken, bunt aus Woll'.
Wer will schon Nuss und Mandelkern,
betet in Stille noch zum Herrn?

Wir skypen, mailen, simsen, smilen,
ein Christkind kann da nicht verweilen.
Das wirrt so wie der Nikolaus
durchs digitale Elternhaus.
Und schalten sich die Kerzen ein,
fließt grüner Strom als Feuerschein.

Doch kommt die heil'ge Nacht daher,
vermissen Kinder vieles sehr.
Das Basteln, Malen und das Naschen,
geheimes Wissen zu erhaschen,

wenn Opa und die Omama
erzählen, wie es damals war.

Das Singen unterm Weihnachtsbaum,
das Engelshaar, Girlandentraum,
Geschenke, auf die man sich freute,
das Auspacken der ganzen Meute,
den Tannenduft, die Wunderkerzen,
das Streicheln, Kuscheln und das Herzen.

Nun sagt, was ihr da drinnen find?
Sind's arme Kind, sind's reiche Kind?

Lass deine Stimme

Lass deine Stimme
im Himmel ruhn.
Der uns begonnen,
schuf vollkommenes Blau.

Wenn wir reifen an dem Samen,
aus dem wir kamen,
hält das Sternennetz
alles Flüchtige fest.

Der springende Funke

Ein Mann kommt in den Shop einer Tankstelle.

Kunde: „Das ist ja vielleicht ein Wetter da draußen. Wenn das so weiterschneit, kann kein Auto mehr fahren."

Verkäuferin: „Ja, es ist halt Adventszeit. Da soll es doch schneien. Was hätten Sie denn gerne?"

Kunde: „Ich hätte gerne einen Satz Kerzen."

Verkäuferin: „Advent, Advent, ein Kerzlein brennt."

Kunde: „Wollen sie mich verheizen? Ich habe Kerzen gesagt."

Verkäuferin: „Nun leuchten wieder Weihnachtskerzen."

Kunde: „Sind Sie noch bei Troste?"

Verkäuferin: „Sie wollten doch einen Satz mit Kerzen."

Kunde: „Ich wollte keinen Satz mit Kerzen, sondern einen Satz Kerzen."

Verkäuferin: „Wo ist denn da der Unterschied? Ob mit mit oder ohne mit. Ein Satz ist ein Satz."

Kunde: „Ein Satz Kerzen besteht aus mehreren Kerzen."

Verkäuferin: „Na gut. Wie wäre es damit? Immer ein Lichtlein mehr am Kranze, den wir gebunden."

Kunde: „Sagen Sie mal, geht es Ihnen nicht gut? Ohne neue Kerzen kann ich nicht weiterfahren, ob mit oder ohne Schnee."

Verkäuferin: „Wie, Sie fahren mit Kerzen, nicht mit Benzin?"

Kunde: „Ich tanke Super."

Verkäuferin: „Tanken müssen Sie schon selber. Hier im Shop können Sie nur Kerzen kaufen."

Kunde: „Deshalb bin ich doch hier. Also, haben Sie nun Kerzen oder nicht?"

Verkäuferin: „Sagen Sie das doch gleich, dass Sie Kerzen kaufen und keinen Satz mit Kerzen hören wollen. Mir wären die Gedichte ohnehin bald ausgegangen. Also möchten Sie vier rote oder vier weiße Kerzen."

Kunde: „Die Farbe ist doch ganz egal. Hauptsache, sie zünden."

Verkäuferin: „Unsere Kerzen lassen sich alle anzünden, die sind qualitätsgeprüft."

Kunde: „Dann ist es ja gut. Also bitte, haben Sie nun Zündkerzen oder nicht?"

Verkäuferin: „Zündkerzen wollen Sie, keine Kerzen für den Adventskranz?"

Kunde: „Ja, wo sind wir denn hier? Vielleicht in einer Kerzendreherei?"

Verkäuferin: „Sie befinden sich im Shop einer Tankstelle und nicht in einer Autowerkstatt. Wenn Sie Zündkerzen wollen, fahren Sie bitte mit Ihrem Auto in unsere Autowerkstatt. Die ist direkt hinter uns. Fahren Sie also um die Kurve herum in den hinteren Bereich."

Kunde: „Aber meine Kerzen lassen sich nicht zünden. Der Funke springt nicht über."

Verkäuferin: „Dann versuchen Sie es mal mit einem Feuerzeug. Am besten mit Gas. Da springt der Funke bestimmt über."

Wenn in allen Nächten

Wenn in allen Nächten nur Herrlichkeit wär,
gäb es keine Sorgen und Nöte mehr,
keine Finsternis und Dunkelheit.
Wenn in allen Nächten nur Seligkeit wär,
gäb es keine Trauer und Tränen mehr,
keinen Abschied und Bitterkeit.

Käm der Tag mit dem Licht,
voller Wärme und Glanz,
brächte allen das Glück unentwegt,
und die Strahlen der Sonne
sich drehten zum Tanz,
von der Freude der Menschen bewegt.

Doch wär keine Liebe, aus der dies entstand,
verwehte der Wind alle Spuren.
Und wäre kein Samen in reifender Frucht,
ständen still alle Ewigkeits-Uhren.

Wenn in allen Nächten die Liebe wär,
ruhten Herzen im Lichtschein sich aus,
sie sähen den Mond durch die Finsternis wandern,
wie ein Planet erstrahlt nach dem andern
und aufblüht der Sternenstrauß.

Weihnachtsmarkt Sankt Wendel

Honigküchlein in das Tüchlein.
Und Ihr Wunsch? Weihnachtspunsch!
Sie hätt gerne diese Kerze,
Honigwachs mit roten Herze.

Zwischen dichtem Marktgedrängel
flirren gold'ne Weihnachtsengel.
Zipfelmützen um die Wette
blinken mit der Lichterkette.

Handwerksstifte in der Schmiede
schütteln große Feuersiebe.
Meister trommeln in der Kammer
Eisen flach mit einem Hammer.

Auf dem warmen Pferdeschlitten
Klaus das Kläuschen hat geritten,
nimmt die Gerte und ruckzuck,
scheu'n die Pferde vor dem Puck.

Wenn die Mönche der Abtei
kommen aus der Sakristei,
Messdiener den Weihrauch schwenken,
dass an Wendelin sie denken.

Und im Dom singt, glühweinschwer,
der Choristen Stimmenheer.
Ach, wie war das wieder wärmend,
rufen die Besucher schwärmend.

Jedes Jahr zur gleichen Zeit
herrscht Besinnungsseligkeit.
Und mit jedem neuen Jahr
werden Weihnachtswünsche wahr.

Katzenweihnacht

Kater Stanislaus war verschwunden. Gestern in aller Früh lustwandelte er noch in unserem verschneiten Garten, wälzte sich im Schnee und vollführte Sprünge, als wollte er dem verblassenden Sternenhimmel Gesellschaft leisten.

Schon einmal verschwand er für mehrere Tage. Spurlos! Aber damals war es Sommer. Nun machte ich mir Sorgen. Die Witterung war nicht gerade menschenfreundlich. Auch ein Hauskater konnte da unter die Räder kommen oder in Erfrierungsnot geraten. Vor allem, weil er nicht mehr jung war.

Mein Hauskater zählte schon fünfzehn Lenze. Seine geliebte Gefährtin Minka mussten wir letztes Jahr begraben. Was war das für eine schlimme Trauerfeier! Das Grab hatte ich im Garten ausgehoben, den Namen und die Lebensjahre in einen Steinblock geritzt. Stanislaus beobachtete mich ständig mit weit aufgerissenen Pupillen. Er sah so unendlich traurig aus.

„Ja", sagte ich, „lieber Stanislaus, deine Minka ist jetzt im Katzenhimmel. Lass uns ein Gebet für sie sprechen."

Ich nahm seine Pfoten und wir beteten: „Lieber Gott, nimm bitte unsere Minka in den Katzenhimmel auf und schenke ihrer Seele allen Frieden der Welt."

Als ich die Erde in das Loch schubste, jammerte er leise vor sich hin, strich um meine Füße, als wollte er sagen, dass ich damit aufhören soll. Er konnte wohl nicht glauben, dass Minka nicht mehr lebte. Wochenlang wollte Stanislaus nicht mehr aus dem Haus. Er kauerte nur noch auf seinem Sessel, legte den Schwanz eng an und rollte sich ein. Wie sehr hoffte ich, dass er endlich wieder auf die Jagd ging und eine Maus anschleppte.

Vor drei Wochen hielt der Winter bei uns Einzug, es schneite unermüdlich. Täglich räumte ich die Hauseinfahrt und den Gehsteig. Stanislaus saß frierend im Hauseingang und sah zu. Manchmal traute er sich in den Garten oder wilderte in der Umgebung. Spät abends schlüpfte er durch die Türklappe und meldete sich zurück. Bis vor acht Tagen war das so. Dann ging er wieder jeden Mittag auf Tour und sah recht froh und munter aus. Doch gestern Nacht kam Stanislaus nicht zurück. Der Fressnapf war morgens unberührt. Dabei hatte ich ihm ein Festessen bereitgestellt. Schließlich stand Weihnachten vor der Tür.

Als ich besorgt um das Haus stöberte, um Spuren zu entdecken, knarrte es im Geräteschuppen. Die Tür lies sich seit dem letzten Sturm nicht mehr ganz schließen. Ich traute meinen Ohren nicht. War das nicht ein Miauen? Aha, dachte ich, versteckte sich der alte Müßiggänger wohl hier? Aber bei näherem Hinhören war mir das Miauen unbekannt. Das war nicht Stanislaus. Was verbarg sich also im Schuppen? Ganz vorsichtig schob ich die angelehnte Tür beiseite. Die Morgensonne fiel hinein und da sah ich im Lichtkegel eine Katzenmutter liegen, die ihre Jungen säugte. Stanislaus saß beschützend davor. Als der Türspalt größer wurde, stellte er sein Fell auf und fauchte. Erst als ich näher kam, beruhigte er sich wieder und kam auf mich zu.

„Stanislaus, was hast du uns denn da gebracht?" flüsterte ich ganz aufgeregt. „Das ist ja ein wunderschönes Weihnachtsgeschenk."

Stanislaus schnurrte unter meinem Streicheln und die Katzenmutter hob den Kopf. Die Katzenkinder ließen sich nicht beirren und stillten weiter ihren Hunger. So verbrachte ich Heiligabend mit Stanislaus und der Katzenmutter im Geräteschuppen, sorgte für die kleine Katzenfamilie und freute mich, dass Stanislaus seinen Lebensmut endlich wiedergefunden hatte.

Lichtpilgerin

Lichtpilgerin
wandelt über vier Kerzen des Zweiggebindes,
Sonntag für Sonntag,
wenn der Atem der Tannen weht,
wenn der Goldflammenglanz
vor deinen Augen entsteht
und die Zeit der Erwartung reift.

Was dir geschieht,
wenn die Seele über den Steg der Ahnung taumelt,
Ast für Ast,
wenn das Rot der Bänder leuchtet
wenn ein Eisblumenkranz
Fenster und Rahmen befeuchtet,
und die Verheißung nach dir greift.

Nachtherrlichkeit,
die sorgsam mit Sternen sich füllt,
Punkt für Punkt,
wenn der Engel Himmelsgeduld
dich freispricht vom Totentanz,
wenn Gottes Werk, verkündet voll Huld,
mit seinem Willen dich umschweift.

Singe das Lied,
Finsternis wartet nicht mit Gefunkel,
Nacht für Nacht,
wenn der Kreis des vergehenden Jahres
sich schließt und nun endet ganz,
wenn entspringt das Reis des Paares
und deine Seele durchstreift.

Herrscher des Himmels erhöre das Lallen

Frau Oberbürgermeisterin sitzt am Schreibtisch und wählt.

Frau Weber kommt mit Akten unter dem Arm auf die Bühne.
Frau Weber: „Guten Morgen Frau Oberbürgermeisterin."

Oberbürgermeisterin: „Guten Morgen Weberin. Wie war der Ausflug auf den Sankt Wendeler Weihnachtsmarkt? Haben unsre Gruppen uns gut vertreten?"

Frau Weber setzt sich und legt die Akten ab.
Frau Weber: „Sagen wir mal, wir sind zurecht gekommen."

Oberbürgermeisterin: „Zurecht gekommen? Was ist denn das für eine Aussage. Hat es keinen Spaß gemacht?"

Frau Weber: „Spaßig war es wirklich, das kann man so sagen."

Oberbürgermeisterin: „Was meinen Sie denn damit?"

Frau Weber: „Wir waren alle wohlgestimmt und eingesungen, als wir mit dem Reisebus auf dem Busparkplatz in Sankt Wendel ankamen, der Bürgermeister von Dudweiler, die Kollegen des Amtes für Entwicklungsplanung als Mandelspatzen unter der Chorleitung der Amtsleiterin, die Kollegen des Amtes für Stadtgrün und Friedhöfe als fliegende Engel und die Kollegen vom Amt für Kinder und Bildung als trommelnde Hirtenbuben mitsamt der Abteilung für Brand- und Zivilschutz als Geleit."

Oberbürgermeisterin: „Na, das war doch schön."

Frau Weber: „Schön war, dass der Bus so nahe am Weihnachtsmarkt parkte. Unsere Delegation stieg also aus und trommelte Schritt für Schritt in Richtung Marktplatz. Am Stand der Handwerkerzunft scharten sich die Trommeljungen um den Schmied und stellten die Trommeln hinter sich ab."

Oberbürgermeisterin: „Dienstbeflissen nenn ich das, geradezu vorbildlich, am Markt der städtischen Konkurrenz teilzunehmen und ihn auch noch zu bewundern."

Frau Weber: „Vorbildlich ja. Nur dass die städtische Kita gerade mit einem Geschenkesuchspiel begonnen hatte. Da die Trommeln so schön geschmückt beiseite standen, dachten die Kinder, das seien Geschenke und begannen, die Trommeln auszupacken."

Oberbürgermeisterin: „Wie auspacken, waren die etwa noch eingewickelt?"

Frau Weber: „Eben nicht. Die Kinder dachten, die gespannte Trommelhaut sei die Verpackung und schnitten alle Trommeln auf."

Oberbürgermeisterin: „Ach du lieber Gott! Das fing ja gut an. Hoffentlich ist sonst alles gut gegangen?"

Frau Weber: „Nicht ganz. Unsere fliegenden Engel flogen durch die Gässchen von einem Stand zum anderen und tanzten wild um den goldenen Glühweintrog. Derweil sammelten die Mandelspatzen die halbleeren Glühweinbecher als Ersatz für die Trommeln ein und leerten sie bis auf den Grund, damit der Ton stimmt."

Oberbürgermeisterin: „Sagen Sie mal, was hat denn der Bürgermeister aus Dudweiler da gemacht. Hat er nicht eingegriffen und das Trinkgelage aufgelöst?"

Frau Weber: „Eingegriffen schon. Der hat ständig für Nachschub gesorgt getreu dem Motto, sehet die Vögel am Himmel, sie säen nicht, aber sie trinken doch. Als alle Hirtenbuben von den Trommelbechern genug eingesammelt hatten, schwankte die ganze Corona zur Bühne, allen voran die flatterenden Engel, unterstützt vom Gesang der Mandelvögel."

Oberbürgermeisterin: „Immerhin hat der Chor gesungen, Weberin, das war bestimmt eine Meisterleistung."

Frau Weber: „Gesungen konnte man das nicht mehr nennen, eher ein Lallen. Was aber nicht so schlimm war, schließlich heißt es ja bei Bach, Herrscher des Himmels erhöre das Lallen."

Oberbürgermeisterin: „Hat der Dudweiler Bürgermeister sich wenigstens für die Einladung bei der Sankt Wendeler Delegation bedankt?"

Frau Weber: „Er trat nach dem Lallen unserer Mandelspatzen unter dem Klopfen der Glühweinbecher unserer Hirtenbuben an das Mikrophon und verkündete großherzig, dass Sie, Frau Oberbürgermeisterin, zum Dank für die Einladung sich mit einer Gegeneinladung zum Max-Ophüls-Festival revanchieren würden."

Oberbürgermeisterin: „Da sehen sie's, Schadensbegrenzung kann er, der Herr Kollege, immerhin."

Frau Weber: „Schadensbegrenzung betrieb das rote Kreuz."

Oberbürgermeisterin: „Schadensbegrenzung? Was hatte denn das rote Kreuz damit zu tun?"

Frau Weber: „Als die nun vom Tanzen trunkenen Engel schließlich völlig desorientiert über den Bühnenrand stürzten und die Hirtenbuben gleich mitrissen, versorgte das rote

Kreuz die Wunden der Hingefallenen. Schließlich sammelten die Kollegen vom Brand- und Zivilschutz die verbundenen und bepflasterten Engel und Hirten ein und fuhren sie mit den Schubkarren der Handwerkerzunft auf den Busparkplatz, wo man sie in den Bus schaffte."

Oberbürgermeisterin: „Ach du lieber Gott, da sind wir ja richtig blamiert worden. Wenn das die Presse mitgekriegt hat."

Frau Weber: „Hat sie. Die Schlagzeile sollte lauten: Die Landeshauptstadt vor dem Absturz. Saarbrücker Beamte im Delirium."

Oberbürgermeisterin: „Ist die Zeitung schon erschienen?"

Frau Weber: „Nein, Aber ich musste versprechen, dass die Sankt Wendeler Presse das Exklusivrecht an der Berichterstattung des Altsaarbrücker Christkindlmarktes bekommt. Außerdem wollten diese Nutznießer auch noch mit dem Nikolaus im Rentierschlitten über den Sankt Johanner Markt mitfliegen."

Oberbürgermeisterin: „Aber Weberin, das in Zeiten von Corona. Wie soll man denn im Schlitten Abstand halten?"

Frau Weber: „Vielleicht lässt der richtige Nikolaus die Winde los und schaukelt alles solange hin und her, bis die Presseleute herauspurzeln."

Oberbürgermeisterin: „Aber Weberin, so etwas wünscht man selbst seinen Feinden nicht, schon gar nicht an Weihnachten. Das bringt Unglück!"

Frau Weber: „Wieso denn? Für abgestürzte Engel und kleine Sünderlein hatte der Himmel noch immer Verständnis."

Schlaflied

Silberglöckchen, Silberglöckchen
klingt so hell und rein,
gold'ne Löckchen, gold'ne Löckchen
hat's Christkindelein.

Schlaf mein Kleiner, schlaf mein Kleiner,
singt das Mütterlein
träum mein Einer, träum mein Einer,
wirst im Himmel ein.

Sing Maria, sing

Sing Maria, sing.
Keine Liebe war je wahrhaftiger,
kein Kind je verfolgter,
kein Paradies umstrittener.

Bethlehem weint
für deine Unschuld.
Mörder sind immer noch
unterwegs.

Kalendernotiz: Die Mistel

Die immergrünen Beerenzweige der Mistel gehören zu den ältesten Weihnachtsbräuchen. Im 19. Jahrhundert kam es in Mode, alle Räume mit Misteln, Stechpalmen, Lorbeer und bunten Girlanden zu schmücken. Die Mistelzweige wurden mit zarten Bändern über dem Hauseingang befestigt. Der Brauch war zunächst in England heimisch, hat sich aber mittlerweile über die ganze Erdkugel verbreitet. Zu dem Brauch gehört auch, dass Mädchen und Frauen, die unter dem Mistelzweig stehen, geküsst werden dürfen. Und noch eine Besonderheit. Die Frau darf den Kuss nicht ablehnen. Ein Paar, das sich im Advent unter Mistelzweigen küsst, erwartet die ewige Liebe.

Der Kussbrauch brachte den Beeren der Mistel in England den Namen Kusskugel ein. Sie bestimmen auch über die Anzahl der Küsse, denn es gilt, nur soviel Küsse darf das Paar sich schenken, wie der Zweig Beeren trägt. Und dass nicht geschummelt wird, muss nach jedem Kuss eine Beere gepflückt werden. Damit das Glücksversprechen der ewigen Liebe auch hält und geheiratet wird, muss der Mistelzweig nach der zwölften Nacht verbrannt werden. Woher dieser Brauch stammt, konnten Historiker bis heute nicht klären.

Zahlreiche Mythen und Legenden begleiten die Pflanze, die als Halbparasit in den Kronen der Bäume wächst, schon seit dem Altertum. Durch Saugwurzeln, die durch die Rinde des Wirts getrieben werden, schließt er sich an die Wasserleitung des Baumes. Die grünen ledrigen Blätter betreiben durch Sonnenlicht eine Photosynthese und versorgen sich so mit Nährstoffen, weshalb die Mistel auch nur als Halbparasit beschrieben wird. Die Mistel gehört zur Familie der Sandelholzgewächse.

Weißbeerige Misteln sind auf ganz bestimmte Baumarten spezialisiert. Die Laubholz-Mistel wächst u.a. auf Pappeln, Weiden, Apfelbäumen, Weißdorn, Birken, Haseln, Robinien, Linden, Ahornbäumen, der amerikanischen Rot-

Eiche, der nordamerikanischen Schwarznuss, den amerikanischen Eschen und Erlen, auf Hainbuchen und selten auf Birnbäumen, Süßkirsch- und Pflaumenbäumen,

Die Tannen-Mistel verbreitet sich fast ausschließlich auf Weißtannen, in Ausnahmefällen auf Fichten. Kiefern-Mistel und Föhren-Mistel bevorzugen Kiefern, sehr selten auch Fichten und Lärchen. Carl von Linné hat 1753 der Weißbeerigen Misten in seinem Species Plantarum den Namen Viscum album L. zugeordnet. Es gibt auch eine Rotfrüchtige Mistel, die orangerote Stengel hat und auf Akazien in Spanien und Palästina bzw. im Nahen Osten wächst. Blätter und Früchte sehen fast wie rote Flammen aus. Der Samen befindet sich in den Beeren und werden von einer klebrigen Schicht, dem Viscin, zusammengehalten. Der Same kann erst keimen, wenn Vögel die Beeren aufpicken und so den Samen freilegen. Schön die Römer stellten aus dem klebrigen Beeren Vogelleim her. Das lateinische Wort Viscum bedeutet Leim. Das Maß für Zähflüssigkeit, die Viskosität, geht darauf zurück.

Im Dezember erreichen die Beeren die Vollreife und werden als Futterpflanze von Vögeln gefressen. Für die Verbreitung sorgen vorwiegend die Misteldrossel, die Mönchsgrasmücke und der Seidenschwanz. Entweder streifen sie die klebrigen Samen an den Zweigen wieder ab, die unverdaulichen Häute der Beeren passieren den Darm und werden wieder als Vogelmist ausgeschieden oder die schleimentleerten Beerenhäute werden als Speibällen ausgewürgt, wobei der Same die Klebrigkeit behält.

Der Name Mistel stammt aus dem mittelhochdeutschen „mistel" und aus dem althochdeutschen „mistil". Die urgermanische Wortwurzel ist „mihst" und bedeutet Mist, Harn, Kot oder Dünger. Andere Bezeichnungen der Mistel sind Donnerbesen, Druidenfuß, Hexenbesen, Hexenkraut, Wintergrün, Bocksbutter, Albranken, Vogelkraut, Kreuzholz. Als Heilpflanze hatte sie bereits Hippokrates gegen die Milzsucht entdeckt. Auch Theophrastus und Plinius d. Ä. empfahlen die Mistel gegen die Epilepsie. Bis ins 18. Jahrhundert fehlte die Mistel als Heilpflanze in keinem der bekannten Kräuterbücher von u.a. Paracelsus, Bock, Lonicerus oder Hildegard von Bingen. Letztere bereitete gegen die „Engbrüstigkeit" aus dem Kraut einen Trank insbesondere gegen Bluthochdruck, Schwindelgefühl, bei Fieber, Blutspeien und Nasenbluten, bei Rheuma und Arthrosen. Heute werde die Extrakte der Weißbeerigen Mistel als sog. Misteltherapie komplementärmedizinisch auch in der Tumorbehandlung eingesetzt.

Bauernregeln und Sprüche
Wo die Mistel wächst, dort blüht Gold.
No mistletoe- no luck. England
Au gui l'an neuf. Frankreich
Mit der Mistel Glück ins neue Jahr.

Mistel

Mistel, Mistel,
Betteldistel,
immergrün
ohne Mühn.

Halbschmarotzer,
Beerenprotzer,
Wasserschnorrer,
Ästeknorrer.

Wunderpflanze,
Baumromanze,
Sonderkeim
mit Früchteschleim.

Heilerfahrung,
Vogelnahrung,
Winterheu
und Teegebräu.

Mistel, Mistel,
Kussepistel,
weißer Schaum,
oh Liebestraum.

Freude und Frieden bringt der heil'ge Christ

Kastanien rösten, offnes Feuer brennt,
Väterchen Frost vereist das Glas.
Weihnachtslieder klingen, die Freude jeder kennt,
und wie ein Eskimo vermummt macht Spaß.

Brate die Weihnachtsgans, den Mistelzweig
häng auf, er wird zum Türvorspann.
Kinderaugen glänzen, der Tag sich schon neigt,
doch einschlafen jetzt keines kann.

Sie wissen, Nikolaus fährt hoch am Himmelszelt,
mit Spielzeug vollbepackt sein Schlitten sich schon biegt,
und jeder Mutter Kind danach Ausschau hält,
ob auch das Rentier hoch am Himmel wirklich fliegt.

Freude und Frieden bringt der heil'ge Christ
und alle Herzen öffnen sich.
Sein Segen liegt auf dir, wo immer du auch bist,
frohe Weihnacht für dich.

Am nächsten Morgen, wenn der Tag erwacht,
glitzert in Bäumen weiß der Schnee,
alle Kinder freuen sich auf eine Schneeballschlacht,
in Tannen stöbert Wind, wir trinken Tee.

Mutter schmückt den schönsten Weihnachtsbaum,
hängt Lametta, Glocken auf,
stellt den Kerzenleuchter mitten in den Raum,
damit er strahlt, wir warten drauf.

Und klingt das Glöckchen vor der Tür wird es ganz still.
Vater und Mutter, Kinder, Großeltern zu Haus,

ein Engel Harfe spielt, nur der hört's, der es will.
Die Sorgen fallen von uns ab, sie bleiben drauß.

Freude und Frieden bringt der heil'ge Christ
und alle Herzen öffnen sich.
Sein Segen liegt auf dir, wo immer du auch bist,
frohe Weihnacht für dich.

Schaukelpferd und Kinder-herd

Schaukelpferd und Kinderherd,
Tischchen, Stühlchen und die Töpfchen,
Kinderland und Blümchenwand,
Kleidchen, Schühchen und die Zöpfchen.
Ach wie bald ist das vorbei,
kurze Zeit Seligkeit
und Elternfreud.

Trommelwirbel, Fußballschuhe,
Laptop und das Internet.
Das Moderne bricht die Ruhe,
abgebaut das Kinderbett.
Ach wie laut ist der Protest,
und der Streit bringt auch Leid
ins Kindernest.

Lesen, lernen und studieren,
das Examen wird gemacht.
Und die Suche nach der Liebe
dich um den Verstand gebracht.
Bald schon kommt die neue Zeit
Liebespunsch, Kinderwunsch.
Es ist soweit.

Strahlt an Heiligabend wieder
Kerzenschein und Lichterglanz,
große Augen, große Herzen,
Backen, Kochen, Tannenkranz.
Du liest aus der Bibel vor,
Gottes Macht in heil'ger Nacht
hat's Kind gebracht.

Ein Wunder für ein Himmelreich

Immer, wenn die Dinge unüberschaubar verstrickt waren und sich so zugespitzt hatten, dass ich keinen Ausweg erkennen konnte, hoffte ich auf ein Wunder. Der liebe Gott könnte sich doch auch meiner armen Seele erbarmen und mir einen Wink von oben schicken oder zumindest einen Engel, der mich auf die richtige Spur bringen konnte oder mich festhalten würde, wenn ich in die falsche Richtung lief.

Andere versprachen doch auch alle möglichen Wunder. Die Esoterik beispielsweise hielt ganze Buchreihen zur Lebenshilfe vorrätig, Kartenleger prophezeiten die Zukunft, Astrologen erstellten Tagespläne für das „richtige" Verhalten entlang der Sternenpfade und andere selbst ernannte Heiler führten einen in die Vergangenheit zurück, um das sogenannte Karma besser verstehen zu können, den Lebensauftrag, weshalb jeder von uns auf dieser Erde wandelte.

Der liebe Gott ließ jedoch nichts von sich hören. Es gab kein biblisches Kartenspiel, keine Reise zurück oder nach vorn, es gab nur die Gegenwart, das hier und jetzt. Doch etwas war möglich, nämlich zu beten. Beten war die direkte Verbindung zum Schöpfer, die Telefonleitung in die himmlischen Sphären, die Begegnung oder der Austausch mit Göttlichen.

Dafür gab es von der Kirche Gebetsbücher voll mit Psalmen, Anrufungen oder Impulsen zur Meditation. Das tägliche Gebet sollte zur Verinnerlichung beitragen, um das Alltägliche auf das Gott Gewollte zu hinterfragen. Ich fragte mich, wann ich zum letzten Mal gebetet, meinen Geist ganz auf die göttliche Verbindung konzentriert hatte. Gebete waren mit zunehmendem Alter verschwunden, hatten sich in der Hektik aufgelöst. Früher war das Tischgebet an der Tagesordnung.

Zugegeben, als Erwachsene würde man vielleicht anders beten. Die guten Gaben fielen nicht einfach so vom Himmel, sie mussten erst erarbeitet werden auf Gottes Erde. Ich jedenfalls war kein Vogel, den Gott ernährte, nein, alles, was ich besaß, war das Ergebnis von Arbeit.

Niemand konnte sich heute die notwendigen Dinge aus der Natur besorgen. Natur gehörte einem ja nicht. Sie war zum Besitzstand einzelner natürlicher oder juristischer Personen geworden. Obwohl Gott sie doch für alle Menschen gleichermaßen geschaffen hatte, kostenlos, ohne Steuern, Gebühren oder Abonnement.

Die Menschen hatten sich die Schöpfung im wahrsten Sinn des Wortes angeeignet. Besitztümer waren entstanden, die andere von deren Nutzung ausschlossen. Kämpfe entbrannten nicht nur um das goldene Kalb, sie entfachten auch Gewalt. Der Geist Gottes versank in den Wunden der Verlierenden, im Blut der Besiegten.

Eine ungöttliche Ordnung sorgte auch gegenwärtig für Gewaltexzesse in allen Winkeln der Erde. Vor zweitausendundzwanzig Jahren wollte Gott dies noch einmal korrigieren, den Menschen sagen: „Mein Reich ist nicht von dieser Welt", „sorge dich nicht um das Morgen, lebe" oder „eher geht ein Kamel durch ein Nadelöhr....".

Viele wohltuende Worte mit heilender Kraft. Gott kam wieder zurück in die Welt in Gestalt eines kleinen Kindes. Maria, eine unverheiratete Frau, sollte es wie einen Menschen zur Welt bringen. Das war ein Wunder. Gott als Embryo in der Gebärmutter einer ledigen Frau. Ob es heute dafür den päpstlichen Segen geben würde?

Ledige Mütter – nicht nur im Christentum „gefallene" Mädchen, ein unsäglicher Leidensweg, Entsagung, Verachtung, Missbrauch, Diskriminierung, Armut. Die Jungfrau Maria als Ikone der Wiedergeburt der göttlichen Herrschaft wurde von den Nachfahren Jesus Christus durch die Verteufelung der Sexualität, ob vorehelich oder ehelich, als Sünde im Geiste ad absurdum geführt.

Der Anbetung Mariens hatte dies allerdings nichts anhaben können. Mariengebete, sie gaben und geben vielen Frauen einen großen Halt in bedrohlich erlebten Situationen.

Wie viel Rosenkranzgebete erflehten ihren Beistand und sie leistete ihn immer wieder. Mehr noch, sie erschien den Menschen und hinterließ jeweils eine Botschaft. Marienerscheinungen waren und sind Wunder und künden uns an, dass der liebe Gott auf uns ein Auge hat, auch wenn wir manchmal das Gefühl haben, in einer gottesfernen Zeit zu leben.

Vielleicht ist es aber nur die Menschenferne zum Göttlichen, die dafür sorgt, dass die Gewalt in diesen Tagen so aufbricht und die Menschheit bedroht. Vielleicht bleiben Wunder heute aus, weil wir uns von Gott abgewandt haben und nicht Gott von uns.

Die Hinwendung zum Erleuchteten kann uns erleuchten. Wir müssen es nur zulassen, sagt etwas in mir, dann geschehen Wunder. Wie heißt es noch in einem Schlager: „Wunder gibt es immer wieder, heute oder morgen werden sie gescheh'n".

Vielleicht liegt in der Adventszeit das Wunder der Gottesnähe vor uns. Können wir hoffen, dass Wunder wieder geschehen werden, dass Gott die Menschen berührt durch ein einziges Gebet? Wir werden es nicht erfahren, wenn wir es nicht versuchen.

Die Frauen vom Heiligen Geist

In der Anmeldung des Hotels Excelsior sitzt Giovanni Calabrese und blättert in der Speisekarte. Der Pfarrer sitzt an seinem Schreibtisch und gießt sich ein Glas Rotwein ein. Dann wählt er die Nummer eines Hotels. Es klingelt.

Anrufer: „Ist dort der Portier?"

Giovanni Calabrese: „Hier iste Hotel Excelsior, Giovanni Calabrese am Apparat."

Anrufer: „Ich möchte gerne einen Stock buchen."

Giovanni Calabrese: „Einen Stock? Bienen fliegen aber wieder erst nächstes Jahr."

Anrufer: „Bienen, was denn für Bienen? "

Giovanni Calabrese: „Bienen für Stock fliegen erst wieder im Frühling."

Anrufer: „Ach so, ich meinte einen ganzen Stock für unsere lieben Frauen vom Heiligen Geist."

Giovanni Calabrese: „Stock, ich nicht haben ganzes Stock. Hier iste Hotel Excelsior, nicht Strafanstalt für Frauen."

Anrufer: „Strafanstalt? Wie kommen Sie denn darauf?"
Giovanni Calabrese: „Sie wollen doch Stock für Frauen."

Anrufer: „Ich meinte keinen Schlagstock, sondern einen Flur."

Giovanni Calabrese: „Wir keine Wiese für Bienen, wir sind anständiges Hotel, kein Bienenstock. Wir nur Zimmer haben."

Anrufer: „Genau, die Zimmer in einem Flur, einer ganzen Etage oder eines Stockwerkes, ich möchte alle diese Zimmer für die Frauen vom Heiligen Geist buchen."

Giovanni Calabrese: „Geist kommen aber nur nachts. Zimmer müssen für einen Tag gebucht werden."

Anrufer: „Meine Güte, sie verstehen aber auch gar nichts. Selbstverständlich zahlen wir die normale Zimmerpauschale für einen ganzen Tag. Also können Sie mir bitte einen ganzen Stock in der Woche von Heiligabend bis zum zweiten Weihnachtstag buchen?"

Giovanni Calabrese: „Gut, ich mussen nachschauen. Keine Zimmer mehr frei. Iste Saarbrucker Weihnachtsmarkt."

Anrufer: „Aber der Weihnachtsmarkt endet doch an Heiligabend. Da werden die Zimmer wieder frei."

Giovanni Calabrese: „Scusi Signore, Zimmer alle gebucht von große Basilika. Großes Geist kommen Heiligabend in Messe."

Anrufer: „Wer hat denn die Zimmer gebucht?"

Giovanni Calabrese: „Großer Geist von große Basilika. Singt Choro in Messe."

Anrufer: „Hat der große Geist auch einen Namen?"

Giovanni Calabrese: „Ich mussen nachschauen. Messe von Bach gebucht. Ora et labora."

Anrufer: „Meinen Sie das Weihnachtsoratorium von Bach? Dann hat unser Chorleiter die Zimmer gebucht!"

Giovanni Calabrese: „Nix Chorleiter, nur für Messe von Bach."

Anrufer: „Himmelherrgottnochmal! In der Basilika wird das Weihnachtsoratorium aufgeführt. Aber der Chorleiter hat nur für die vier Solisten gebucht und nicht das ganze Hotel beschlagnahmt."

Giovanni Calabrese: „Ich mussen nachschauen. Gut, iste Zimmer frei in zweite Etage und dritte Etage."

Anrufer. „Alle Zimmer müssen aber in einem Flur sein."

Giovanni Calabrese: „Verstehe, Geist kommen doch in Nacht."

Anrufer: „Jetzt hören Sie mal gut zu. Die lieben Frauen vom Heiligen Geist sind Nonnen, für die gilt tatsächlich ora et labora. Deshalb dürfen die auch nicht gestört werden."

Giovanni Calabrese: „Verstehe, bringen eigenen Geist mit für ganzes Nacht, ora et labora."

Anrufer: „Also können Sie die anderen Zimmer umbuchen, damit ein ganzer Flur frei wird?"

Giovanni Calabrese: „Ich mussen nachfragen, ob Bienen nicht mehr da. Sollen ich buchen für Platz am Bach?"

Anrufer: „Ja, tun Sie das bitte."

Giovanni Calabrese: „Gut, dann ich fragen nach bei Stadt."

Beide legen auf. Der Pfarrer trinkt Glas Rotwein und sagt: „Gottseidank. Ich hab schon befürchtet, dass wir ein Zelt aufbauen müssen."

Das Telefon klingelt, der Pfarrer hebt ab: „Hat es geklappt?"

Giovanni Calabrese: „Ja, alle Stöcke in Flurwiese am Staden an der Saar sind frei. Kein Bienenflug mehr. Nonnenfrauen können dort ganze Nacht heiligen Geist empfangen, Stock für Stock. Feuer machen ist aber verboten."

Das Licht der Liebe

Ich weiß nicht, kann ich ihn lieben?
Was tu ich, es zu ergründen?
Anders als es vorher war
in der Vergangenheit. Er stieg vom Thron,
zu uns kam Gottes Sohn.

Ich weiß nicht, kann ich ihn lieben?
Kann mich nicht mehr wiederfinden.
Die Passion, Gottes Fron.
Es gab so vieles zuvor, bevor ich mich verlor
auf meinem Weg.

Bringt es Unglück mir, schrei ich's laut heraus.
Liebe kenn ich nicht, lass Gefühle draus.
Hätt nie gedacht, dass es mich so tief trifft,
was wird bloß daraus?

Meine Seele steht in Flammen,
weiß nicht mehr, was soll ich glauben.
Bin nicht mehr die ich vorher war,
so kalt, so kühl, ohne Gefühl, kannte jede Show,
fürcht' mich jetzt so.

Kann dies möglich sein, dass man so lieben kann,
oder ist es nur Schein, ist es nur ein Bann?
Hätt nie gedacht, wie Gottes Liebe mich trifft,
was wird bloß daraus?

Wenn ich spür, Gott ist die Liebe,
bin ich verloren und erschrocken.
Komm nicht klar, was ist wahr?
Das Herz verdreht, es ist zu spät.
Ich stehe hier in Loh und fürcht' mich so,
hoffe doch so, liebe ihn so.

Das Gedicht „Das Licht der Liebe" kann auf die Melodie „I don't know how to love him" aus Jesus Christ Superstar von Andrew Lloyd Webber gesungen werden.

Kalendernotiz: Weihnachten

„Diu gnâde diu anegengete sih an dirre naht: von diu heißet si diu wîhe naht" ist die älteste Fundstelle für die Bezeichnung Weihnacht aus der Predigtsammlung Speculum ecclesiae 1170 und bedeutet „Die Gnade (Gottes) kam zu uns in dieser Nacht: deshalb heißt diese nunmehr Weihnacht." (In: Jacob Grimm, Wilhelm Grimm: Deutsches Wörterbuch. Hirzel, Leipzig 1854–1960 (woerterbuchnetz.de, Universität Trier).

"Die Kirche feiert an Weihnachten weit mehr als den Geburtstag des Jesus von Nazareth: sie jubelt darüber, dass Gott in die Welt gekommen ist und sich auf die Geschichte mit den Menschen bis zum heutigen Tag einlässt. Jesus ist auch der Christus, der Gesalbte, der Sohn Gottes und der Retter der Welt. Dabei hält die Kirche daran fest, dass dies von Anfang an so war. Es hat sich weder zufällig ergeben, noch wurde es später in das Leben Jesu hineininterpretiert. Die Geburt Christus ist das gewollte Werk Gottes, bei dem er selbst zu Fleisch geworden ist." (www.erzbistummuenchen.de/Page000248.aspx aufgerufen 30.10.12).

Weihnachten wird nicht nur an einem einzigen Tag gefeiert, sondern mit der gesamten Weihnachtszeit. In den katholischen Kirchen an Heilig Abend am 24. Dezember mit der Vigilmesse, der Christmette und der Hirtenmesse, dem Hochfest der Geburt des Herrn am 25. Dezember. In den evangelischen Kirchen wird Heilig Abend mit der Christvesper und Christnacht gefeiert, am 25. 12. das Christfest I, am 26.12. das Christfest II.

Der 26. Dezember, der 2. Weihnachtsfeiertag, ist Stephanus, dem Erzmärtyrer Stephan gewidmet. Er war einer der sieben Diakone der christlichen Urgemeinde Jerusalems. In Streitgesprächen, besonders vor hellenistisch gebildeten Juden, vertrat er die Wahrheit der Lehre Jesu Christi. Er wurde zum Tod durch Steinigung verurteilt. Am 27. Dezember ist der Tag des Apostels und Evangelisten Johannes der Jüngere, Sohn des Zebedäus. Er war zunächst ein Jünger Johannes des Täufers. Zusammen mit Petrus und Jakobus gehörte er zu den drei Jüngern, denen Jesus besonders vertraute.

Am 28. Dezember wird das Fest der unschuldigen Kinder gefeiert. An diesem Tag wird an die in Bethlehem neu geborenen und auf Geheiß von König Herodes ermordeten Kinder bis zum Alter von zwei Jahren (Matthäusevangelium 2,16) gedacht. „Ein Geschrei ist in Rama zu hören, bitteres Klagen und Weinen. Rahel weint um ihre Kinder und will sich nicht trösten lassen, um ihre Kinder, denn sie sind dahin." (Jeremia 31, 15).

Das Fest wird bereits im Martyrologium Hieronymianum angegeben und steht in enger inhaltlicher Verbindung mit Weihnachten. Unter der „Heiligen Familie" versteht man Josef, Maria und das Jesuskind. Auf Weisung eines Engels fliehen Maria mit Jesus und Joseph. Sie kehren auf eine weitere Weisung des Engels im Frühjahr zurück. Seit der nachkonziliaren Kalenderreform 1969 wird das Fest der Heiligen Familie am Sonntag in der Weihnachtsoktav gefeiert. Wenn kein Sonntag mehr zwischen Weihnachten und Neujahr fällt, ist dies am 30. Dezember.

In Russland heißt die Weihnachtszeit "svjatki", die heilige Zeit. Moskau ist Sitz der Russisch-Orthodoxen Kirche, im Danilow-Kloster residiert der Patriarch. Seit dem Fall Konstantinopels 1453 durch das Osmanische Reich betrachtet die russisch-orthodoxe Kirche Moskau als das Dritte Rom, als Zentrum des orthodoxen Christentums. Den Heiligen Abend am 6. Januar nennt man in Russland Sochelnik oder Koljadki. Peter Tschaikowsky schrieb in einem Brief an seine Mäzenin Nadjéshda von Meck dazu: "Am Sonnabend in irgendeine alte Kirche zu gehen, im Halbdunkel zu stehen, umfangen von Weihrauchdüften, tief in sich selbst zu versinken und Antwort zu suchen auf die ewigen Fragen; wozu, wann, wohin, warum; aus seiner Besinnung zu erwachen, wenn der Chor zu singen beginnt, sich ganz dem Eindruck der hinreißenden Musik hinzugeben, von stillem Entzücken durchdrungen zu werden, wenn die Goldene Pforte sich öffnet und „Preiset den Herrn" ertönt – oh, wie liebe ich das alles! Das ist eine der größten Lebensfreuden!"

Der Hauptgottesdienst wird vom Patriarchen von Moskau und ganz Russland in der Christ-Erlöser-Kathedrale in Moskau gefeiert, dem größten Kirchengebäude der russisch-orthodoxen Kirche. Etwa sechstausend Menschen finden dort Platz. So wie in Deutschland die katholische Christmette mit dem Papst im Petersdom in Rom im Fernsehen übertragen wird, so wird auch der Gottesdienst in der Christ-Erlöser-Kathedrale in Moskau in ganz Russland übertragen.

Bauernregeln und Sprüche

Wenn die Weihnachtsglocken läuten, wird selbst der Teufel milde. Aus Tirol

Wenn's Christkindlein Tränen weint, vier Wochen keine Sonne scheint.

Wenn es vor Weihnachten nicht verwintert, so wintert es im Frühjahr nach.

Je dicker das Eis um Weihnachten liegt, je zeitiger der Bauer Frühling kriegt.

Fällt viel Schnee zur Weihnachtszeit, ist Silvester nicht mehr weit.

Zitate

"Mein Herz dichtet ein feines Lied, einem König will ich es singen." (Ps 45, 2)

"Uns ist ein Kind geboren, ein Sohn ist uns gegeben. Und er heißt: Wunder-Rat, Gott-Held, Ewig-Vater, Friede-Fürst. Halleluja!" (Jes 9, 5)

"Das Wort ward Fleisch und wohnte unter uns, und wir sahen seine Herrlichkeit." (Joh 1, 14a)

Wo ist das Kind der Christenheit

Wo ist das Kind der Christenheit?
Wo schläft es? Dort im Himmel.
Der Engelchor mit süßem Lied,
Hirten im Schafgetümmel.
Dies, dies ist Gott der Herr,
der Hirten Wacht, der Engel Ton,
preist, preist und singt ihm laut,
dem Kind, dem Sohn Marias.

Warum liegt es im kalten Stall,
wo Ochs und Esel speisen?
Der Christen Heil, der Sünder Trost
das stille Wort soll weisen.
Ihn wird der Speer durchbohr'n
das Kreuz trägt er für dich, für mich.
Heil, Heil, das Wort ward Fleisch,
das Kind, der Sohn Marias.

So bringt ihm Weihrauch, Gold und Myrrh'
kommt her, seit ihm zu eigen.
Den König aller Könige preist,
den Thron der Liebe besteigen.
Ehr, Ehre Gott in der Höh',
die Jungfrau singt und wiegt das Kind.
Freut, freut euch, Christ ist geborn,
das Kind, der Sohn Marias.

Das Gedicht „Wo ist das Kind der Christenheit" kann auf die Melodie „What child is this", Musik: Englische Volksmelodie, 16. Jahrhundert, Originaltext William Chatterton Dix, 1865, gesungen werden.

Aller Ehren wert

„Wirst du wohl stehen bleiben", rief Berta der Gans zu und rannte ihr hinterher. „Du hast den Auftrag, als Festmahl an Weihnachten den Gaumen zu verzaubern. Das ist doch aller Ehren wert."

Die Gans ließ sich davon nicht überzeugen, halb rannte, halb flog sie durch die Wiese hinaus in das angrenzende Waldstück. Es war nichts zu machen. Die Gans entschwand in Windeseile mit hysterischem Gegacker und Flügelschlagen.

„Kinder", erklärte Berta, als sie außer Atem wieder zurück ins Haus kam, „mit dem Festbraten wird es an Weihnachten nichts werden. Amalie ist davon geflattert. Wir müssen uns mit Kartoffeln und Vanillepudding begnügen."

„Ich hätte Amalie sowieso nicht angerührt. Sie ist meine Freundin und Freunde verspeise ich nicht", meinte klein Rita.

„So gesehen hast du Recht. Amalie ist die einzige Gans, die uns noch geblieben ist. Was soll's. Am Besten, ihr geht sie nach dem Frühstück suchen. Wisst ihr was, ich mache für heute Abend euer Lieblingsessen, Thüringer Klöße mit Specksoße."

„Au fein", rief jetzt Peter, „das wird bestimmt der schönste heilige Abend, den wir bis jetzt gefeiert haben."

Klein Rita und der größere Bruder Peter machten sich also auf in den Wald. Sie würden Amalie sicher bald gefunden haben. Die Federspur war nicht zu übersehen. Aber sie endete plötzlich hinter einem Baum.

„Amalie", rief Rita immer wieder, „Amalie, du kannst jetzt rauskommen. Du wirst nicht gebraten. Mutter macht Thüringer Klöße."

Doch vergeblich, die Gans ließ sich nicht blicken. Etwas abseits fanden sie blutige Blätter.

„Nein", rief Rita vor Schrecken, „das kann nicht sein. Amalie hat kein Fuchs geholt. Doch nicht unsere Amalie." Rita heulte unaufhörlich auf dem Rückweg.

„Sei nicht traurig," versuchte Peter sie zu trösten, „irgendwann wäre auch sie gestorben. Wie all die anderen Gänse. Dieser Fuchs hat alle unsere Gänse geschnappt. Sie wird jetzt im Gänsehimmel sein."

„Wenn Papa noch leben würde, wäre der Zaun bestimmt rechtzeitig fertig geworden", schluchzte sie.

„Papa ist auch im Himmel", murmelte Peter traurig.

Zu Hause angekommen lief Rita tränenüberströmt in die Arme ihrer Mutter und weinte: „Mama, Mama, jetzt ist Amalie doch tot. Der Fuchs hat sie gefressen. Dieser böse Fuchs."

Berta versuchte, ihre Kinder zu trösten. Obschon sie selbst genau so traurig war. Sie dachte an ihren geliebten Mann, der im letzten Jahr verunglückte. Sie hätte die Gans nicht auf den Speiseplan setzen dürfen. Wenn sie geahnt hätte, dass Rita sie so sehr ins Herz geschlossen hatte, wäre sie nie auf diese Idee gekommen. Nun war es zu spät. Dieses Weihnachten würde schrecklich werden, dachte sie und betete zu Gott, dass er ihr genügend Kraft schenken würde, um die Kinder trösten zu können und wieder zum Lachen zu bringen.

Am Nachmittag schmückten sie gemeinsam den Weihnachtsbaum. Im Gänsestall bauten sie die große Krippe auf, die ihr Mann geschnitzt hatte. Sie war fast lebensgroß. Die Krippe füllten sie mit Stroh und legten Ritas Puppe als Jesuskindchen hinein. Dann gingen sie wieder zurück.

Als die Sonne untergegangen war und der Himmel voller Sterne blitzte, suchten sie in der schönsten Sonntagskleidung wieder den Gänsestall auf, um vor der Krippe Weihnachtslieder anzustimmen. Berta zündete die großen Kerzen der Windlichter an, die in jeder Ecke platziert standen. Das Licht fiel auf die Krippe. „Ihr Kinderlein kommet", begann Berta zu singen und Rita und Peter stimmten ein. Doch irgendetwas rührte sich in der Krippe. Es raschelte. Rita nahm ein

Windlicht und hielt es über die Krippe. Ein heftiges Flügelschlagen folgte und lautes aufgeregtes Gegacker.

„Ha", rief Rita aus, diesmal in wahrer Freude. „Da ist ja Amalie, Amalie lebt!"

Jetzt konnte auch Peter und ihre Mutter sie erkennen. Die Gans Amalie lag in der Krippe und hielt die Puppe warm.

„Das glaub ich jetzt nicht", staunte Berta, „das gibt es doch gar nicht."

Amalie gackerte vergnügt in der Krippe und umschlang das Puppen-Christuskind.

„Da hast Recht, Amalie, das ist auch aller Ehren wert. So hat das Jesuskindlein es schön warm." Berta strich der Gans über den Kopf. „Liebe Amalie, verzeih mir bitte, dass du in den Kochtopf solltest. Von jetzt an bist du unser Gast. Das hätte Bernhard bestimmt auch getan."

Sie sangen Weihnachtslieder, Rita nahm Amalie danach in den Arm und trug sie ins Wohnzimmer. Dort packten alle gemeinsam die Geschenke aus, aßen Thüringer Klöße und zum Nachtisch Vanillepudding mit Schokoladensoße.

Heilige Nacht

In dieser stillen Nacht die Engelschar
mit Flügeln ihre hellen Töne schwingen
ins Erdenreich, das im hohen Klingen
des himmlischen Gesangs dem Menschenpaar

im Stall, da die Frau ein Kind gebar,
Sternen fleht, zum Leuchten sich zu bringen,
dass Funken auf die Seelen überspringen
voll hehrer Freude, denn es wurde wahr,

was einst Johannes uns verheißen hat:
dass einer kommt aus einer andren Welt,
dem er die Füße wäscht, zu Boden fällt,

was laut und mächtig scheint und satt.
Maria ihn voll Ehrfurcht an sich schmiegt,
das Heil der Welt in ihren Armen wiegt

Allmächt'ger Gott

Allmächt'ger Gott, die Engelsstimmen rufen,
von Tal zu Tal, vom Gipfel weit und breit.
Bist du bei mir, erklimme ich die Stufen,
vom Anbeginn bis in die Ewigkeit.

Bist du bei mir, wird es mir an nichts fehlen,
was kommen mag, dein Licht scheint immerfort.
Du bist die Liebe, Hüter aller Seelen,
du bist das Heil der Welt und aller Menschen Hort.

Allmächt'ger Gott, bis ich dereinst muss scheiden,
schenk mir die Kraft der Liebe für und für,
lass mich im Gras, im Gras des Lebens weiden.
Dein Himmelreich leuchtet den Weg, den Weg auch mir.

Lass mich zu dir ins Paradies der Güte,
mein Herz sehnt sich zu dir nur immerzu.
Du bist das Licht, du bist des Lebens Blüte.
bist meine Zuversicht, mein Frieden, meine Ruh.

Weihnachten in Zeiten der Pandemie

In diesem Jahr schien vieles anders zu sein. Der Winter, der in unseren Breitengraden eigentlich keiner war, der Fasching, der durch Sturmböen örtlich stark eingeschränkt werden musste, ein Virus, das die Welt gefangen nahm und alle Geschäftigkeit zum Stillstand brachte. Was würde noch kommen?

Das so sicher geglaubte Leben geriet völlig aus den Fugen und brachte Lebensumstände zum Vorschein, von denen man zwar irgendwann schon einmal gehört hatte. Die gesellschaftliche Entwicklung war in eine Schieflage geraten. Dies wurde deutlich und zwar so eindringlich, dass die Politik sie nicht länger ignorieren konnte, aus welchen Gründen auch immer. Man musste handeln und es wurde gehandelt. Die Arbeitswelt wurde kritisch hinterfragt, Gesetze wurden reformiert.

Würde das Weihnachtsfest ausfallen müssen? Würden wir gezwungen sein, es so wie das Osterfest in aller Stille und allein zu begehen? Die Sehnsucht nach dem alten Leben war groß, die Rückkehr zu alten Gewohnheiten, Wertmaßstäben, zwischenmenschlichen Beziehungen noch größer. Der Verzicht auf viele Dinge, die lieb und teuer waren, nötigte uns sehr viel Kraft ab.

Was aber wäre, wenn dies unumkehrbar wäre, das wirtschaftliche und soziale Leben weltweit über einen längeren Zeitraum im Stillstand verharren müsste? Schwer vorstellbar, eine weltwirtschaftliche Katastrophe, eine Umkehrung der Verhältnisse, wie es sie ohne Krieg in den letzten hundert Jahren nicht gegeben hatte. Revolutionen gingen in der Vergangenheit mit Elend und Verelendung einher, mit Vertreibung, Tod und Untergang. Naturkatastrophen hingegen löschten ganze Zivilisationen aus. Ohne menschliches Zutun und trotz Entgegenwirken.

Verschwörungstheorien machten die Runde, Beschuldigungen, Versuche, lebensschützende Artikel anderen Ländern wegzukaufen, Alleinverwertungsrechte lebensrettender Medikamente und Impfstoffe an sich zu reißen. Im Überlebenskampf ließen einige Präsidenten und Politiker manche Masken fallen oder zogen neue zur Tarnung an. Verstörende Bilder kamen einem in den Sinn, Weltuntergangsszenarien wurden propagiert.

Zeit, sich wichtige Fragen neu zu stellen, Zeit, die Botschaft von Weihnachten grundlegend neu zu denken. Wie die frohe Botschaft in Zeiten der Pandemie begreifen? Käme es zur Einigung der Völker dieser Erde, zum Frieden der Menschheit, zur Vergebung ihrer „Sünden"?

Oder war es einfach nur Schicksal, eine biologisch Naturkatastrophe, vielleicht sogar der Beginn einer neuen Evolution? Die Ungewissheit konnte Existenzängste hervorrufen, sowohl die Seele erkranken lassen als auch körperliche Beschwerden auslösen. Wie heißt es in dem Weihnachtslied „O Holy Night" von Adolphe Charles Adam im Jahr 1847 als "Cantique de Noël" komponiert, in der Textfassung von John Sullivan Dwight aus dem Jahr 1855:

O holy night! The stars are brightly shining,
It is the night of our dear Saviour's birth.
Long lay the world in sin and error pining,
Till He appear'd and the soul felt its worth.
A thrill of hope, the weary world rejoices,
For yonder breaks a new and glorious morn.
Fall on your knees! O hear the angel voices!
O night divine, O night when Christ was born;
O night divine, O night, O night Divine.

in deutscher Übertragung

Heilige Nacht, die Sterne festlich scheinen
in der Nacht, als der Heiland gebor'n.
Lange die Welt in Sünde lag und Weinen.
Als Gott erschien war die Seele erfüllt.

Ein Hoffnungsschimmer die dunkle Welt erfreute,
im Glorienglanz ein neuer Morgen hellt.
Fall auf die Knie, oh hör der Engel Stimmen.
Oh göttliche Nacht, in der Christus gebor'n,
oh göttliche Nacht, oh göttliche Nacht.

Auch in diesem Jahr lag die Welt in Weinen, weltweit starben in diesem Jahr mehr als eine halbe Million Menschen an der Pandemie. Die Hoffnung, dass es gelänge, einen wirksamen Impfstoff zu finden, ließ viele Länder zusammenrücken, rief aber auch gleichzeitig die Gier nach Profit und Vorherrschaft wach.

Wie antwortete Maria auf die Botschaft des Erzengel Gabriels: „Siehe, ich bin die Magd des Herrn,/ mir geschehe nach deinem Wort." Die Demut, sich einem größeren Ganzen hinzugeben, nicht nach den persönlichen Interessen oder Vorteilen zu fragen oder dies gar offensiv zu betreiben, könnte eine der größten Herausforderungen oder Erkenntnisse der Verkündigung sein. Sich auszuliefern oder anders gesagt, anzunehmen, was einem widerfährt, ist eine Aufgabe, die uns Gott mitgegeben hat.

Die Schöpfung folgt nicht den Gesetzen der Menschen. Wir sind nur ein Teil der Schöpfung. Wir können versuchen, sie zu erklären, nachforschen, wie die Dinge zusammenhängen, sich entwickelt haben oder noch werden oder sie uns dienstbar machen. Wir können die Schöpfung jedoch nicht selbst neu schaffen, wir können nur in ihr und mit ihr leben.

Der Hoffnungsschimmer, in einer schwierigen Situation zu überleben, jedem neuen Morgen einen Glorienglanz abzugewinnen, könnte aus der Einsicht erwachsen, dass Menschen zwar ihre Lebenswirklichkeit im jeweiligen Kontext mitgestalten können, aber die Zukunft nicht einfach in ihren Händen liegt. Demut zu üben, ohne den Mut zu vergessen, alles zu tun, um schwierige Lebensumstände zu überwinden, kann dies die Seele erfüllen?

Weihnachten als das Fest der neuen Entdeckung der Welt und sich selbst, als Prüfsiegel der Selbstentwicklung, der Bereitschaft, sich auf Neues einzulassen, ohne das Resultat vorher zu kennen oder gar abschätzen zu können, Weihnachten als Gradmesser der Nächstenliebe in Zeiten der Entbehrung?

Christ zu sein ist ein anspruchsvolles Unterfangen. Wenn wir innehalten, um uns zu fragen, welche Aufgabe wir erfüllen können, schaffen wir neue Visionen und Realitäten der Nächstenliebe. Viele haben in diesem Jahr viele Visionen und neue Realitäten entstehen lassen. Weihnachten kann uns die Kraft schenken, darin nicht nachzulassen.

Zitat
„Wenn Du nicht den Mut hast etwas Lächerliches zu tun, wird Gott auch nichts Wunderbares daraus machen."
Mutter Angelica Franziskanerklarissin in Birmingham (Alabama/USA)

Hoffnungslicht

Weihnachtsmärkte abgesagt
und die Engel leise schwingen,
dir Adventstimmung zu bringen,
Freude kommt ganz ungefragt.

Budenzauber ausgesetzt
und der Glühwein brüht zu Hause,
Kinderchöre haben Pause,
Kerzenschein zu guter Letzt.

Wer mag da Geschenke suchen,
Räumlichkeiten ausgeschmückt.
Wer ist vom Advent entzückt,
bäckt noch Torten, Honigkuchen?

Plötzlich wird der Zauber leise,
aller Glanz bedeutungslos.
Lässt du all das Treiben los,
geht die Seele auf die Reise.

Christuskind kam auf die Welt
ohne Werbung, ohne Hasten,
ohne Märkte, Leierkasten,
war auf sich allein gestellt.

Warte auf das Christuskind
mit der Seele Hoffnungslicht. -
Alles, was dir je gebricht,
trägt dir zu der Engel Wind.

Oh heilige Nacht

Heilige Nacht, die Sterne festlich scheinen
in der Nacht, als der Heiland gebor'n.
Lange die Welt in Sünde lag und Weinen.
Als Gott erschien war die Seele erfüllt.

Ein Hoffnungsschimmer die dunkle Welt erfreute,
im Glorienglanz ein neuer Morgen hellt.
Fall auf die Knie, oh hör der Engel Stimmen.
Oh göttliche Nacht, in der Christus gebor'n,
oh göttliche Nacht, oh göttliche Nacht.

Lass durch das Licht des Glaubens dich hinführen,
mit heißem Herz wir an seiner Wiege stehn.
So geh mit dem Licht durch gold'ne Sternentüren,
auch fromme Weisen kamen ihn zu sehn.

Der Kön'ge König lag in einer Krippe,
für unser Wohl, gebor'n, ein Freund zu sein.
Er kennt das Leid, er wacht über Gefahren.
Sieh auf deinen Gott, hat sich erniedrigt für dich.
Oh göttliche Nacht, oh göttliche Nacht.

Wahrlich er kam den Nächsten zu lieben.
Sein Reich ist Liebe, der Welt Friedensfürst.
Er brach die Scham, dem Bruder zu dienen.
In seinem Namen Gewalt nun zerbirst

Lobsinget ihm und preist ihn alle Chöre.
In seinem Geist den heil'gen Namen ruft.
Christus der Herr, oh preiset den Namen.
Die Macht, sein Glanz immer wieder erstrahlt.
Oh göttliche Nacht, oh göttliche Nacht.

Tag voller Freude die Ewigkeit uns spendet,

er kam zu uns, sein Lichterkranz uns umscheint.
Dass jeder Ton die Schande überblendet.
Die Macht und Kraft alle Völker vereint.

Ein Glitzerschein in unsren Herzen leuchtet
für allezeit, das ew'ge Leben naht.
Fall auf die Knie, voll Freude heb die Stimme.
Oh göttliche Nacht, oh Nacht in der Christus gebor'n.
Oh göttliche Nacht, oh göttliche Nacht.

Das Gedicht „Oh heilige Nacht " kann auf die Melodie "Cantique de Noël" von Adolphe Charles Adam gesungen werden.

Bittgebet

Im Schattenhain, im Schattenhain,
erschlug den Abel Bruder Kain.
Gott rügte diese Missetat,
die Seele fortan Risse hat.
Er zog die Zügel fester
und schickte eine Schwester.

Im Apfelbaum, im Apfelbaum
erwachte Eva aus dem Traum.
Es rüttelte und schüttelte,
Erkenntnis ihnen büttelte.
Das war dem Herrgott doch zu viel,
beendete das Liebesspiel.

Am Tempelberg, am Tempelberg
der Vater bringt das Opferwerk.
Da rief ihn Gott, er soll es lassen,
auf Erden soll sich niemand hassen.
Doch hörten auf ihn nicht sehr viel,
ergötzen sich am Todesspiel.

Ach Herrgott, komm noch einmal,
entferne jedes Kainmal,
damit die Liebe aufersteht
und nicht ein Religions-Pamphlet,
der Kain den Abel an sich drückt,
Adam und Eva still beglückt,
niemand den anderen verletzt,
der Mensch die Schöpfung schätzt.

Kalendernotiz: Silvester und Neujahr

Der letzte Tag des Jahres wird mit einem Feuerwerk, Orakeln oder Mitternachtsgottesdiensten gefeiert. Böse Geister sollen vertrieben werden. Beliebt ist das Bleigießen. Über einer Kerze wird in einem Löffel Blei erhitzt, das anschließend im Wasser abgekühlt wird. Aus den Figuren wird das neue Jahr vorhergesagt.

813 wurde der 31. Dezember als Namenstag des Papstes Silvester eingeführt, der an diesem Tag verstarb. Die evangelische Kirche begeht ihn als Altjahrsabend, an dem der Sieg Jesu über die bösen Mächte der Welt gefeiert wird. Noch vor dem 7. Jahrhundert feierte man in Rom am 1. Januar das Fest Natale sanctae Mariae. Das Fest der Beschneidung des Herrn wurde im 13./14. Jahrhundert von Rom übernommen. An diesem Tag gedachte man der Beschneidung Jesu acht Tage nach der Geburt. 1969 wurde der Festtag in der katholischen Kirche wieder zu einem Marienfest umgewandelt, in das Hochfest der Gottesmutter Maria.

Nicht der Weihnachtsmann bringt in Russland die Geschenke, sondern Väterchen Frost und zwar am 31. Dezember. Väterchen Frost heißt auf Russisch Ded Moroz. "Ded" bedeutet im Russischen Großvater und "Moroz" Frost. Wörtlich übersetzt heißt er also "Opa Frost". Ein dicker Eiszapfen dient ihm als Wander- und Zauberstab.

Väterchen Frost reist aus Sibirien in einer Pferdetroika an, das Pferdegespann, bei dem drei Pferde nebeneinander vor einer Kutsche angeschirrt sind. Das Glöckchen, das bei der Troika an der Duga des Mittelpferdes angebracht ist, hält mit seinem ständigen Gebimmel die Pferde in Trab. Väterchen Frost ist in Begleitung eines Jungen, der Neujahr heißt und seiner hübschen Enkelin Snegurotschka, die auf Deutsch Schneemädchen oder Schneeflocke genannt wird.

Der Tannenbaum wurde von deutschen Familien Anfang des 19. Jahrhunderts mit nach Russland gebracht. Er wird vor dem Silvesterabend prächtig geschmückt. Für die Neujahrsfeier, die überall in russischen Schulen, Kindergärten und Konzerthallen veranstaltet werden, verkleiden sich Kinder als Schneeflocken, Häschen oder Bärchen. Alle versammeln sich um den Weihnachtsbaum und rufen drei Mal laut nach Väterchen Frost.

An Silvester wird in Russland mit riesigen Freudenfeuern der wärmende Frühling herbei beschworen. Die sündigen Männer stürzen sich in eiskalte Seen und Flüsse, um sich reinzuwaschen. Um herauszufinden, was das neue Jahr mit sich bringt, greift man auf jahrhundertealte Rituale zurück. Junge Frauen laufen mit einem Spiegel hinaus in die dunkle Nacht. In ihm soll sich ihr zukünftiger Ehemann zu erkennen geben. In Russland sagt man: "Das neue Jahr wird so sein wie die Silvesterfeier. Trinken wir darauf, dass das kommende Jahr genau so fröhlich wird wie der heutige Abend!" oder "Stoßen wir auf Väterchen Frost und seine Enkelin Snegurotschka an. Sie werden weder alt noch krank und haben immer genug Geld für Geschenke! Trinken wir darauf, dass wir auch so werden wie sie!"

Bauernregeln und Sprüche
Sobald man davon spricht, was im nächsten Jahr geschehen wird, lacht der Teufel. Sprichwort aus Japan
Man knallt in das neue Jahr hinein, um sich über das alte nicht mehr zu erschrecken. Sprichwort aus Italien
Am Neujahrstag Sonnenschein, lässt das Jahr fruchtbar sein.
Januar muss vor Kälte knacken, soll die Ernte uns gut sacken.
Dreikönigsabend hell und klar, verspricht ein gutes Weinjahr.
Wenn's zu Lichtmess stürmt und schneit, ist das Frühjahr nimmer weit.

Zitate
"Das Leben war das Licht der Menschen und das Licht scheint in der Finsternis und die Finsternis ergriff es nicht." Joh 1,1-18
"Der Herr behüte deinen Ausgang und Eingang von nun an bis in Ewigkeit." Ps 121, 8.

Neubeginn

Alle Sterne
in den Himmel gemeißelt,
alle Monde
in die Umlaufbahn geschossen,
alle Kometen
durch die Nacht geschickt.

Die Erde
Licht befeuert,
feiert den Neubeginn.

Die Sternsinger

Wie jeder Dezember barg auch dieser ein ganz besonderes Geheimnis. Schon die Auswahl der Kinder für das Krippenspiel sorgte für Aufregung. Das Trostpflaster für die nicht Auserkorenen war das Sternsingen. Eine wichtige Aufgabe, denn das eingesammelte Geld, floss an eine Missionsstation in Afrika. Die Marienschwestern, welche diese unterhielten, unterstützten damals maßgeblich das christliche Leben in unserer Kirchengemeinde. Dazu gehörten der Religionsunterricht in den Schulen, der Betrieb des Kindergartens, Exerzitien, Bibelstunden, die Ordnung und Sauberkeit des Kirchengebäudes und die Unterstützung bei der Durchführung der Gottesdienste.

Die Missionsarbeit war eine der Hauptaufgaben des Ordens. Die katholische Kirche betrachtete Menschen, die nicht getauft waren, als Heiden. Dazu gehörten alle Menschen, die in Afrika lebten. Heidenkinder sind arm, hieß es, nicht nur, weil ihre Seele Gott nicht kannte. Sie verhungerten ohne unsere Mithilfe, zumindest wurde uns dies so im Unterricht beigebracht.

Uns erschienen daher Menschen mit einer anderen Hautfarbe irgendwie unheimlich. Kinder kamen uns noch exotisch vor, Erwachsene aber erlebten wir fast wie eine Bedrohung, sie jagten uns Angst ein. In den Kinderliedern und Geschichten war der schwarze Mann fast immer bösartig. Der Mohr hingegen stellte die gute Seite dar.

Obwohl ich als Mädchen keine Messdienerin sein durfte, die Geschlechter waren damals auch im Gottesdienst noch streng getrennt, Männer saßen links, Frauen rechts, dazwischen der Mittelgang, waren sie als Sternsinger jedoch willkommen. So fand ich meine Bestimmung als Sternsingerkind, denn zum Krippenspiel hatten mich die Marienschwestern auch nicht eingeteilt.

Wir waren vier Kinder, obwohl die Bibel eigentlich meist nur von den drei Weisen aus dem Morgenland berichtete. Einer von uns wurde schwarz angemalt, jemand musste schließlich den Mohr verkörpern. Einen Sternträger gab es auch.

In der ersten Januarwoche ging es los. Katrin wurde zum Mohr Melchior und schwarz angemalt, Michael wurde zu Caspar, Peter war der Sternträger und ich sollte Balthasar sein. So zogen wir fein säuberlich kostümiert und maskiert durch die Straßen unserer Gemeinde. Einen Straßenplan hatten wir auch dabei, damit wir wussten, wo wir sammeln sollten. Wir klingelten, sangen eifrig unsere Lieder, sammelten Spenden und schrieben mit Kreide den Segensspruch über die Haustür. Wenn in unserer Büchse die Münzen klingelten, freuten wir uns riesig, denn wir wollten ebenfalls einen stattlichen Beitrag zum Betrieb der Missionsstation leisten.

Alles lief problemlos, bis wir zu einem Haus kamen, dessen Nummer nicht auf unserer Straßenliste vermerkt war. Wir, die Weisen aus dem Morgenland, blieben stehen und hielten Rat, was wir tun sollten. Wir dachten, dass es sich wohl um einen Irrtum handeln musste, nahmen unseren ganzen Mut zusammen und klingelten. Niemand öffnete. Wir versuchten es noch einmal. Keine Reaktion. „Aller guten Dinge sind drei", sagte Katrin und drückte noch einmal den Klingelknopf. Tatsächlich, es bewegte sich etwas, Schritte kamen näher. Die Tür ging auf und vor uns stand ein dunkelhäutiges Kind.

Es sah uns mit großen braunen Augen an, zuerst ebenso überrascht, dann ungläubig und dann folgte ein Freudenschrei: „Is jy ook 'n Afrikakind? Kum lasse her, kum lasse her", rief der Junge, der etwa in unserem Alter war. Dabei ergriff er die Hand des schwarzen Sternsingerkindes. Wir verstanden nichts.

Der Junge rief immer nur: „Kum lasse her, kum lasse her." Unsere Mohrin Katrin Melchior ließ sich ziehen und zockelte verunsichert hinterher, wir übrigens auch, wir wollten Katrin mit dieser Situation nicht allein lassen und sie beschützen.

Von drinnen rief eine Frau etwas, das wir ebenfalls nicht verstanden. Wir erschraken. Verunsichert folgten wir dem leibhaftigen Heidenkind in das geheimnisvolle Haus. Auf der Couch im Wohnzimmer lag eine dunkelhäutige Frau und fuchtelte mit den Händen. Sie musste wohl die Mutter sein.

„Kum, kum seuntjie", freute sie sich und setzte sich auf. „Oh", rief sie erstaunt mit hoch erhobenen Händen, als sie Katrin sah, „oh Kind, Afrikakind." Wir verstanden kein Wort, außer Afrika und Kind.

Der Junge griff wieder nach Katrins Hand und rief: „Kind, Kind, Afrika!"

Was sollten wir tun? Niemand hatte uns gesagt, dass in unserem Dorf Heiden lebten. Das Haus existierte nicht einmal auf unserer Straßenkarte, wir befanden uns wohl in einem verbotenen Haus.

„Wir müssen jetzt singen", sagte Peter, der Sternträger, wie ein Leitwolf, „das ist unsere Aufgabe." Also stellten wir uns auf und sangen den Sternsingergruß.

„Oh," rief die Mutter immer wieder dazwischen, „oh, god, god, Kind, Afrika.".

„Ja, ja", sagte da Michael, „wir kommen für Gott und sammeln für Afrika."

„Afrika, Afrika", sang die Mutter des Jungen, umarmte und drückte uns voller Herzlichkeit und aufgeregter Freude.

„Kum lasse esse", sagte sie, verschwand in der Küche und brachte Gebäckstücke mit, die wir nicht kannten.

„God, god," rief sie, wickelte es in Papier ein und gab es mir. „Kind esse in Afrika, Kind esse, god, god."

Da ich für die Sammelbüchse verantwortlich war, schüttelte ich diese hin und her, damit die Münzen schepperten.

„God, god. Ons skenk vier Kinders in Afrika", rief sie wieder, „ons lasse esse Afrikakind."

Sie griff nach dem Geldbeutel, nahm ein Markstück heraus und warf es in die Büchse. Wir bedankten uns artig, Michael schrieb den Segensspruch an die Haustür.

„Kum lasse her, kum lasse her?" fragte der Junge erwartungsvoll und schüttelte Katrin wieder die Hand. „Ek is Afrikakind." Er winkte uns lange nach.

Als wir die Spenden der Kirchenschwester übergaben, erzählten wir ihr von der merkwürdigen Begegnung. Sie erklärte uns, dass die Mutter mit dem Kind flüchten musste, weil sie vom Stammesältesten verstoßen worden war. Die Frau hatte sich geweigert, den Sohn desselbigen zum Mann zu nehmen und war von einem anderen Mann schwanger geworden. Gleich zwei Tabus hatte sie gebrochen, als Frau sich zu verweigern und selbst zu entscheiden, mit welchem Mann sie sich verbinden wollte und ein Kind von diesem zu gebären, ohne eine legale Verbindung mit ihm eingegangen zu sein.

Die Missionsstation hatte sie aufgenommen, versteckt und schließlich nach Deutschland gebracht, um sie vor der Verfolgung zu schützen. Diese Frauen wurden von dem Stamm gesteinigt. Daher auch das Verschweigen der Unterkunft. Und da das Asylverfahren noch andauerte, konnte die kleine Familie nicht am Sprachunterricht teilnehmen und verfügte nur über ein paar aufgeschnappte Wortstückchen.

Die Tragweite dieser Begegnung war uns als Kinder damals nicht bewusst. Heute erinnere ich mich daran, dass wir wohl wie ein Begrüßungskomitee für Flüchtlinge gewirkt haben mussten.

Achenkirch

Felsenkronen
Wolken umschlungen
spitzen den Stein
ins Firmament

Gipfelstraßen
winden sich hinauf
Serpentine für Serpentine

über dem grüne Funkeln
de Achensees
Kältestille

Gesang der Schneeflocken
über dem Wasser
Klirren für Klirren

tiefgründiges Element
Urzeiten genährt
gewährt zwischen den Hängen
Drachenfliegern Aufwind
für die Gondel ins Tal

Sonnwendgebirge

Felsdome starren
ins Kältegähnen
tröpfeln Weisflocken
in die Tiefe der Täler
im Smaragdsee
frieren die Boote

Schnee zerstäubt
Eiswasserklänge klirren
hallen hinauf
ins Sonnwendgebirge

Schneekönige tarnen sich
immer noch
mit Schneebrettern
und Gipfelkreuzen

Die Wolferten kommen

Anreise

In der Früh verhieß das Crèmerosa des Morgenrots einen malerischen Sonnenaufgang. Der Himmel schälte das Blau streifenweise aus dem Dunkel der Nacht. Das Licht des Sonnenfensters hellte sich in die Augen der Schlafmützen. Wir waren da bereits hellwach unterwegs, wenn auch gähnender Weise.

Die Anreise in Österreich ist kein Vergnügen. Megastau! Zwei Stunden Stopp and Go für ganze fünfundfünfzig Kilometer. Hadern hilft nicht. Alle Ortsdurchfahrten sind gesperrt. Lediglich der Achensee entschädigt für dieses Anfahrtstrauma in Blech. Er atmet eingebettet in steile, weiß besprengte Berglandschaften, mit traumhaften Tälern.

Die Autobahnabfahrt vor dem Tunnel der Bundesstraße suggeriert noch freie Fahrt. Doch auch dies entpuppt sich später als Makulatur. Es gab eine Massenkarambolage. Sicher eine der Ursachen für dieses Verkehrschaos.

Die eigentliche Ursache war jedoch, wie wir später erfuhren, die Verkehrspolitik der Österreicher. Um die kleinen Dörfer vor Touristen zu schützen, hatte die Politik beschlossen, den Verkehr von den Ortschaften fernzuhalten. Damit niemand die Absperrungen umfahren konnte, standen sogar an jeder Abfahrt Polizisten, die kontrollierten.

„Wenn I privat anreisen würde, käm I nie auf die Idee, samstags zu fahren. Während der Woche gibt's ka Probleme. Samstags kommen die Wolferten", erklärt uns später beim Abendessen die Restaurantfachfrau.

Ich erinnere mich an die vielen Moosflecken der Berghänge in Buchau, an die Schlittenspuren um die Privathäuser in Maurach, an die große Außenrutsche des Kinderhotels, die Pferdekolonne der Winterreiterei, die Drachenflieger, deren rote Schirme sich vom Gipfel lösten und ins Tal schwankten. Vor Jenbach bewirkte ein Riss in den Wolken ein schillerndes Farbenprisma, Polarlichtern gleich. Wir staunten. Die Gipfelkette rührte beinahe an den Regenbogenflimmer heran, fast wie eine Schutzmauer vor dem Sonnenfeuer, das aus dem Weiß einen Glitzerteppich animierte. Als wir endlich ankommen, stöhnen alle, reden sich die Strapazen von der Seele, löschen den Ärger über abgesperrte Zufahrtsstraßen mit einem Pils, ganz ohne Umleitung und Thekenstau.

1. Tag

Mayrhofen, schneefrei und wintergrün, Touristenhochburg mit Après-Ski-Diskos à la mallorquinischem Ballermann-Gehabe, erlebt eine Invasion. Etwa dreitausendachthundert Einwohner zählt die Marktgemeinde, heute sind unzählige Touristen angereist. Am Sonntagmittag sind alle Stühle im Außenbereich besetzt. Von Ruhe keine Spur. Ich flaniere durch die Hauptstraße, sehe durch Schaufenster und Seitengassen.

Mein Blick fällt auf die Gipfelspitzen, die im Gegensatz hierzu schneeweiß aufragen und das Sonnenlicht im Tal widerspiegeln. Zwischen dem Penkenplateau und der Seilbahnstation begegnen sich die Gondeln, gleiten wie Adler im Flug durch die Luft und entschwinden unkenntlich im funkelnden Schneefeld.

Nach unzähligen Sportbekleidungsläden, Skischulen, Souvenirgeschäften und Restaurants kommt mir die Kirchturmspitze entgegen. Kein Zwiebeltürmchen, nein, ein sich steil zuspitzender, fünfundfünfzig Meter hoher Turm mit Goldkugel und Drehkreuz.

Die Pfarrkirche Maria Himmelfahrt bietet viele Kunstschätze. Seit dem fünfzehnten Jahrhundert mehrmals umgebaut erhob die Erzdiözese Salzburg erst 1858 Mayrhofen zur Pfarrei. Der gedrehte grüne Spitzhelm wurde zuletzt zweitausendundzwölf neu eingedeckt.

Der Seiteneingang ist offen. An der Tür hängen Hinweise, dass dies ein Gotteshaus sei und man dies beachten sollte. Wohl auch dem Anschauungstourismus geschuldet.

Es riecht nach Weihrauch, erst um zehn Uhr wurde das Hochamt zelebriert. Die Stille kündet von intensiver Spiritualität. Ich spüre die Anwesenheit Gottes, seinen Geist, bete innerlich, bitte um Gnade und Wohlergehen für meine Familie. Der Hochaltar zeugt von barockem Glanz, rechts und links flankiert von den Erzengelfiguren Michael und Raphael.

An der Decke des Chores befindet sich eine Malerei aus der Zeit des Barock, eine Darstellung von Mariä Himmelfahrt. Im Eingangsbereich steht eine Madonna mit Kind aus der Zeit um siebzehnhundert. Neuzeitlich hingegen eine Deckenmalerei von Max Weiler. „Die Rose von Jericho" misst dreißig Quadratmeter, entfaltet eine leuchtende Farbenpracht im achteckigen Innenraum.

Im hinteren Bereich unter der Orgelempore brennen Opferlichter. Ein Windlicht kostet achtzig Cent, eine Osterkerze zwölf Euro fünfzig. Nachdem ich die Gebühr eingeworfen habe zünde ich für meine Familie vier Windlichter an. Andere Gotteshausbesucher tun mir gleich.

Eine Frau mittleren Alters, die in der vorletzten Bank des Kirchenschiffs saß, ist aufgestanden und kommt ebenfalls an den Opfertisch. Mir scheint, dass sie nach dem Rechten schauen wollte. Womöglich eine Art Aufsicht. Als ich die Kirche verlasse, blendet mich das Tageslicht.

Ich muss mich erst wieder dem Weltlichen zuwenden. Der Lärm reißt mich jedoch unvermittelt aus der Meditation heraus, zurück in die Gegenwart. Jetzt laufe ich die Hauptstraße wieder zurück, bleibe des Öfteren stehen, es geht ständig bergauf.

Ich schnaufe wie ein Pferd. Keine Kondition, denke ich, wohlwissend, dass ich auch mit Training keinen Titel mehr gewinnen könnte. Auf der Brücke, die über die Ziller führt, bleibe ich stehen, betrachte den Flusslauf, die kapriziösen Wasserschleifen um die vielen großen und kleinen Steine.

Nebel hängt ins Tal, verschleiert die Weitsicht, legt sich um den Penken wie ein Halstuch. Heute Mittag ist Regen angesagt und so mache ich mich auf, vorher ein wenig Morgenluft zu schnuppern. Es ist ruhig, wenngleich die Ziller mit Geplätscher und Gurgeln auf sich aufmerksam macht und daran erinnert, dass sie der Ausgangspunkt für das Zillertal ist, die Lebensader der Region, ohne die es den Namen gar nicht gäbe. Der kleine, etwa ein Meter hohe Wasserfall lässt daran jedenfalls keinen Zweifel.

„Jetzt kumm, moch di auf oder willst wieder zruck?" ermahnt eine Skifahrerin ihren Sprössling. Die Schlange vor der Ahornbahn ist nicht lang. Unter der Woche scheint der Tourismus erträglich. Ein älterer Herr in Wollweste tritt an die Brüstung des Wasserfalls und raucht. Er muss wohl in einem der Hotels logieren. Vielleicht wohnt er aber hier, ein Mayrhofner, der den Morgen genießt.

Das Postauto fährt vor, der Linienbus kommt um die Ecke angefahren, biegt rechts ab über die Zillerbrücke und hält kurz dahinter. Weitere Skifahrer steigen aus und traben etwas schwerfällig mit lautem Klackklack der Skischuhe in Richtung Penkenbahn.

Ich muss weiter in die Apotheke, Allergietabletten besorgen. Die Pollen treiben in der Luft, Vorfrühling ist im Tal, die Hasel schüttelt bereits ihre gelben Kätzchen aus. Eigenartig ist das Gefühl, auf den Gipfeln satter Winter und hier unten fängt es an zu knospen. Jetzt fallen Sonnenstrahlen durch das Blau, ein roter Gleitschirm segelt hinab, ein Tandemflieger, dreht eine Schleife nach links, dann nach rechts und landet sanft in der Wiese hinter der Ziller. Gestern flogen sie alle dreißig Minuten, immer zwei Segelpaare kurz hintereinander.

Die Hauptstraße ist die Metropole von Mayrhofen, die Einkaufsstraße, die alles zu bieten hat, was das Käuferherz sich wünscht. Eingezeichnete Fahrradwege, markierte Fußgängerstreifen, dazwischen der Autoverkehr der Einbahnstraße. Wenn Busse fahren, wird es schon mal eng, ich gehe lieber noch mehr zur Seite, man weiß ja nie. Heute Morgen sitzt noch niemand auf den Stühlen der Straßencafés, das wird sich sicher bald ändern. Anwohner sind unterwegs, Pensionisten und Mütter machen ihre Besorgungen fernab dem Rummel, der nachmittags losbricht, wenn die Bergbahnen schließen.

„Host scho ghört, a Frau is obgstürzt, zehn Meter tief, glaub i. Die Rettung hots ins Spital bracht," erzählt eine ältere Dame einer deutlich jüngeren Frau mit Einkaufstasche. Ich erinnere mich, in der Tiroler Tageszeitung davon gelesen zu haben. Es wurde über mehrere Unfälle berichtet, meist mit deutschen Urlaubern.

"Jo, jo, oarbeitlos werden die nie," sagt die Jüngere gelassen. Denkt man sich den Tourismus weg, lebt es sich bestimmt sehr angenehm hier oben, etwa fünfhundert Meter über dem Meeresspiegel. Die Höhenluft tut auch mir gut, meine Gelenke beginnen sich zu regenerieren, was bedeutet, ich kann besser gehen. Auch meine Haut verbessert sich bereits. Das Reizklima bringt meine Lungenflügel zum Durchatmen, ich fühle mich putzmunter.

Da entdecke ich eine Apotheke. Zwei Personen stehen an der Verkaufstheke, ich warte.

„Grüß Gott. Ich hätte gerne dieses Medikament", sage ich und gebe ihr den Zettel. Sie liest, dreht sich um und schaut über die Aufschriften der schmalen Schubladen der Apothekerschränke. Dann zieht sie eine auf und nimmt eine Schachtel heraus.

„Das ist der Wirkstoff, den Sie benötigen", sagt sie und erklärt die Anwendung. „Ein Originalmedikament gibt es nicht?" frag ich sie. „Nein, es geht immer nur um diesen Wirkstoff." Gut, denke ich, wie in Frankreich. Ob es noch etwas sein soll, fragt sie. Ich schüttele den Kopf.

„Danke, nur dieses Medikament. Vielen Dank." Ich zahle, packe die Tabletten in meine Handtasche und gehe wieder auf die Straße.

Von Bewölkung keine Spur. Die Wettervorhersage scheint nicht einzutreffen. Wir haben einen strahlend blauen Himmel, weiße Federwolken und puren Sonnenschein. Herrlich, denke ich und spaziere weiter die Straße hinunter.

Ich sehe wieder den grünen gedrehten Spitzhelm der Maria Himmelfahrtskirche hinter dem Marktgemeindehaus aufblitzen.

Laut Ortsplan muss sich auch das Europahaus in der Nähe befinden. Ich biege in die Seitenstraße ein und sehe schon das sechseckige Gebäude in der Ferne. Das muss wohl das Kongresszentrum sein. Es wird ruhiger, wenig Verkehr und kein Straßenlärm mehr. Kaja Yanar kommt am ersten April nach Mayrhofen und andere, mir unbekannte Künstler. Hinter dem Europahaus liegt ein großer Parkplatz, der spärlich belegt ist.

Welch eine Ruhe strömt mir entgegen! Es scheint, als lägen diese Ferienwohnungen und Hotels auf der stillen Seite der Marktgemeinde. Privatvermietungen, Appartements und Pensionen reihen sich nebeneinander. Auch hier knospen schon Sträucher in den Vorgärten. Die Sportplatzstraße zieht sich endlos, lange Hausnummern, das scheint hier Standard zu sein. Nebenstraßen und Sackgassen führen bis an die Bergwand.

Die kunstvollen Verzierungen der Häuser heben sich von den Berghängen ab, Balkone mit gedrechselten Holzstäben, Fronten mit Zeichnungen von Kaiserin Maria Theresia bis hin zu modernen Malereien des Künstlers Helmut Rehm. Pittoresk dieser Anblick menschlicher Bau- und Malkunst vor dem Hintergrund der Gebirgskämme, ein besonderer Anreiz für städtebaulich und kunstinteressierte Urlauber, fast eine Art Freilichtmuseum. Weshalb häufig Schilder angebracht sind, die warnen: „Betreten verboten“, „Videoüberwachtes Gelände“ oder „Privatgelände“. Die Versuchung ist groß, aber ich respektiere das Privatleben der Mayrhofner.

Als ich am Sportplatz vorbeikomme, vermute ich, dass ich bald auf eine Einbiegung zur Hauptstraße treffen muss, die Gondeln werden jedenfalls wieder größer. Das muss die Penkenbahn sein. Es stimmt, vor mir sehe ich die Sparkasse und die Polizeistation. Zurück auf der Hauptstraße dringt Musik aus einem Restaurant. Gestern waren wir in einer Après-Ski-Disko. Ein lautes Trommelfeuer, Stimmungsmusik meist im Viervierteltakt, ließ die Gäste unwillkürlich die Beine bewegen, auf dem Tisch eine Vortänzerin, etwa dreißig Jahre alt mit blondem, langen Haar, in der offiziellen Angestelltenkleidung mit Aufdruck für noch Animation. Leere Bierflaschen rollten kistenweise an die Tür, das Personal hinter der Theke kam mit dem Ausschenken nicht mehr nach. Ständig wurde die Tür geöffnet, es wurde immer voller. Männliche Gäste suchten weibliche Gäste, weibliche Gäste suchten männliche, alles völlig zwanglos, den eigenen Bedürfnissen überlassen. Die Bar war bis in die Morgenstunden geöffnet. Wie müsste dies wohl in den anderen, noch überlaufeneren Orten zugehen wie in Ischgl oder Kitzbühel?

So, nun muss ich nochmals ins Sparkaufhaus und Pralinen besorgen, ein kleines Dankeschön für den ausgezeichneten Service unseres Hotels. Außerdem kaufe ich wieder die Tiroler Tageszeitung, um mich mit dem Leben der Marktgemeinde weiter vertraut zu machen.

Skifahrer kommen mir entgegen, Mittagsrast scheint angesagt zu sein. Die Tische füllen sich. Bratengeruch zieht an meiner Nase vorbei und mein Magen funkt: ich habe Hunger. Zurück im Hotel öffne ich die Fenster und blicke in das Panorama der Mayrhofner Bergwelt. Sonnenstreifen blenden mich, werfen Schattenstreifen zwischen Tannenbaumreihen, die schroffen Abhänge blitzen hellgrau auf. Ich sollte ins Restaurant gehen und mir eine Suppe gönnen.

In Mayrhofen

In die Tasche gesteckt
Dorfplan
und losgelaufen.

Durch die verstopfte Hauptstraße
entlang der Fußgängermarkierung
vorbei an grantelnden Gästen.

Gipfelspitzen wachsen
über meinem Kopf,
in den Augen
ungezählte Angebote
für Mitbringsel.

Schneekanonen zielen ins Zillertal,
volle Kabinen gondeln durch die Luft,
der Druck lastet auf Stahlseilen
und auf dem Papier.

Ein grüner Spitzhelm
taucht auf,
das Kreuz dreht sich
richtungsweisend.

Maria Himmelfahrtskirche

Kirchenlicht blendet mich
barocke Spiegelung
der Vergangenheit

Weihrauch schwelt
in stiller Kühle,
im Fresco kämpft Jericho
mit Rosen und Farben.

Kerzenschrein
der Opfergaben,
Wachsgeruch
das Bittgebet.

Madonnenlächeln
mit dem Kind im Arm.

An der Decke
geht der Himmel auf.

Stillschweigen.

Hüttenpause

An der Ahornbahn
die letzte Abfahrt
der Senke.

Die vollen Stühle und Bänke
reden von blauen und roten Pisten.

Verlorene Windelkinder
stapfen mit schweren Schuhen
im Schnee.

Die Abkühlung
ist eine Frage
der Bewirtung.

Unter dem Tisch
kursieren Dosen.
Keine Brezel ist umsonst.

Après Ski

Trommelfeuer im Viervierteltakt,
Hüften schwingen,
Beine hüpfen.

Koketterie des Bierglases,
Kisten rollen und Schnapsgläser.

Auf dem Tisch
Vortänzerin
zur Ausgelassenheit.

Hinter der Theke
emsiges Zischen und Kassieren.
Laufende Geschäfte.

Ausschau

Nebelschleier
und Wolkendunst,
das Gebirge ist erkältet.

Die Ziller gurgelt,
putzt Steine
im Wasserfall.

An der Brüstung
ein Zuseher,
bläst graue Kringel
in die Luft.

Rufen und Hupen,
die Post lädt aus,
der Linienbus hält,
Skischuhe klackern
über die Brücke.

Ich schließe das Fenster,
suche feste Schuhe
vor dem Ausgang.

Rundgang

Gelbe Kätzchen
schüttelt der Haselstrauch,
durch das Blau segeln
Federwolken und Gleitschirme.

Ruhe strömt
durch Seitenstraßen
und Hinterhöfe.
In den Gärten
knospen Sträucher.

Maria Theresia trotzt
an privater Front
modernen Zierereien.

Balkone täuschen
vor Berghängen
Zugänge vor.
Gedrechselte Holzstäbe
vergittern die Häuser.

„Betreten verboten"
mahnen Schilder.
Meine Füße loten
die Schuhe aus.

Anhang

Quellenverzeichnis Kalendernotizen

Advent,
http://www.daskirchenjahr.de/tag.php?name=&zeit=Advent&typ=
Einfuehrung 24.09.2016
Advent,
http://www.kathpedia.de/index.php?title=Advent, 24.09.2016
Advent, http://de.wikipedia.org/wiki/Advent, 24.09.2016
Altjahresabend,
http://www.daskirchenjahr.de/tag.php?name=altjahrsabend&zeit=J
ahreswechsel, 24.09.2016
8. Dezember Maria Immaculata Concepta,
http://www.perikopen.de/Gedenktage/8Dez_Lk1_26-
38_Dorn.pdf,
31.08.2016
Engel, http://de.wikipedia.org/wiki/Engel, 04.10.2016
Engel, http://www.kathpedia.de/index.php?title=Engel, 04.10.2016
Epiphanie, http://www.kathpedia.de/index.php?title=Epiphanie,
31.08.2016
1. Januar Maria Gottesmutter,
http://www.perikopen.de/Lesejahr_B/W_Lk2_1-
21_Kirchschlaeger.pdf, 31.08.2016
Januar, http://de.wikipedia.org/wiki/Januar, 31.08.2016
Lucia, http://www.heiligenlexikon.de/BiographienL/Lucia.htm,
31.08.2016
Neujahr, http://www.kathpedia.de/index.php?title=Neujahr,
31.08.2016
Nikolaus von Myra,
http://www.heiligenlexikon.de/BiographienN/Nikolaus_von_Myra.
htm, 31.08.2016
1. Sonntag im Advent,
http://www.daskirchenjahr.de/tag.php?name=1advent&zeit=Adve
nt, 11.09.2016
2. Sonntag im Advent,
http://www.daskirchenjahr.de/tag.php?name=2advent&zeit=Adve
nt, 11.09.2016

3. Sonntag im Advent,
http://www.daskirchenjahr.de/tag.php?name=3advent&zeit=Adve
nt, 11.09.2016
4. Sonntag im Advent,
http://www.daskirchenjahr.de/tag.php?name=4advent&zeit=Adve
nt, 11.09.2016
Unbefleckte Empfängnis,
http://www.kathpedia.de/index.php?title=Unbefleckte_Empf%C3
%A4ngnis, 11.09.2016
Karneval, http://de.wikipedia.org/wiki/Karneval, 31.08.2016
Raureif, http://de.wikipedia.org/wiki/Raureif, 01.10.2016
Reif, http://de.wikipedia.org/wiki/Reif_(Niederschlag), 01.10.2016
Schnee, http://de.wikipedia.org/wiki/Schnee, 01.10.2016
Valentin von Terni,
http://www.heiligenlexikon.de/BiographienV/Valentin_von_Terni.
htm, 11.09.2016
Winter, http://de.wikipedia.org/wiki/Winter, 31.08.2016
Februar, http://de.wikipedia.org/wiki/Februar, 31.08.2016
Heilige Barbara,
http://www.heiligenlexikon.de/BiographienB/Barbara.htm,
31.08.2016
Advent, Weihnachten und Neujahr in Russland:
www.russlandjournal.de 26.08.16
Mistel
https://de.wikipedia.org/wiki/Wei%C3%9Fbeerige_Mistel
17.07.2017
http://www.brauchwiki.de/Mistelzweig 17.07.2017
http://www.zeit.de/wissen/2009-11/adventskalender-mistel
17.07.2017
http://www.weihnachtsstadt.de/brauchtum/allgemein/Mistelzweig.
htm 17.07.2017
http://www.brauchtumsseiten.de/a-z/m/mistelzweige/home.html
17.07.2017
http://www.geschenke.de/weihnachten/mistelzweige.htm
17.07.2017
http://www.gekuesst.de/index.php/traditionelle-kuesse/kuessen-
unterm-mistelzweig 17.07.2017
http://www.botanikus.de/Beeren/Mistel/mistel.html
https://www.aphorismen.de

Bücherliste

Vermisstenanzeige. Gewidmet den ermordeten Juden des Naziregimes. Lyrik und Prosa. Vera Hewener. Libri BoD. Norderstedt 2000. ISBN 3-8311-0748-3. 2. erw. Auflage 2014. ISBN 978-3831107483.

Lichtflut. Reisenotizen. Lyrik und Prosa. Vera Hewener. Edition Calamus. Norderstedt 2001. ISBN 3-8311-1493-5. 2. erw. Auflage 2014. ISBN 987-3831114931.

Eine Neigung aus Blau. Gegenwartslyrik. Vera Hewener. Norderstedt 2002. ISBN 3.8311-3334-4. 2. Auflage 2014. ISBN 9783831133345.

Bist Himmel mir und tausend Feuerfunken. Gedichte. Vera Hewener. Mauer Verlag. Rottenburg a/N. 2003. ISBN 3-937008-46-2.

Verwirbelungen der Zeit. Vera Hewener. Lyrik mit Bildern von Carolin Isele. WiKu Éditions Paris E.U.R.L. Paris und WiKu Verlag KG Berlin 2005. ISBN 3-86553-203-9.

Es kommen andere Ewigkeiten. Gedichte. Vera Hewener. WiKu Édition Paris ISBN 2-84976-0188 WiKu Verlag 2007. ISBN 978-3-86553-189-6.

Himmelsstürme. Vera Hewener. Gedichte mit Fotografien. edition Wort Verlag Bitburg 2010. ISBN 978-3-936554-00-3.

Das Jahr: Dichtung in vier Sätzen. Vera Hewener. Gedichte mit Fotografien. BoD Books on Demand Norderstedt 2013. ISBN 978-3-7322-3168-3.

Zaubervolle Winterwelt. Gedichte, Geschichten, Notizen. Vera Hewener. Verlag BoD Books on Demand. Norderstedt 2014. ISBN 9783735761262.

Frühlingsserenade. Die schönsten Gedichte, Geschichten und Notizen zur Frühlingszeit. Vera Hewener. Verlag BoD Books on Demand. Norderstedt 2015. ISBN 978-37347-3140-2.

Die Blüte des Sommers. Sommeranthologie. Die schönsten Gedichte, Geschichten und Kalendernotizen. Vera Hewener. Verlag BoD Books on Demand. Norderstedt 2015. ISBN 978-3-7347-89540.

In der Saar schwimmen keine Krokodile. Gegenwartslyrik & Texte. Vera Hewener. Verlag BoD Books on Demand. Norderstedt 2015. ISBN 9783738635676.

Von Lorraine nach Aquitaine. Reisenotizen in Lyrik und Prosa. Vera Hewener. Verlag BoD Books on Demand. Norderstedt 2016. ISBN 9783741210860.

Du trocknest meine Tränen wieder. Religiöse Lyrik & Texte. Vera Hewener. Verlag BoD Books on Demand. Norderstedt 2016. ISBN 9783743113589.
Zaubervolle Jahreszeiten. Der Frühling. Vera Hewener. Verlag BoD Books on Demand. Norderstedt 2017. ISBN 9783743125117.

Aus meinem Federkiel. Magische Momente. Natur & Seele. Gedichte. Vera Hewener. Verlag BoD Books on Demand. Norderstedt 2017. ISBN 9783744870511.

Zaubervolle Jahreszeiten. Der Sommer. Vera Hewener. Verlag BoD Books on Demand. Norderstedt 2017. ISBN 9783744870993.

„Kerzen, Wunder, Himmels-Zunder". Vera Hewener. Lustige und besinnliche Geschichten und Gedichte zur Advents- und Weihnachtszeit. Verlag BOD Books on Demand. Norderstedt 2017. ISBN 9783744893824. 2. Ausgabe 2019. ISBN 9783738629682.

Die Jahreszeiten: Auslese. Gedichte. Vera Hewener. Verlag BOD Books on Demand. Norderstedt 2018. ISBN 9783738636017.

Werkausgabe Band I. Frühe Gedichte 1970-1999. Verlag BOD Books on Demand. Norderstedt 2018. ISBN-13: 9783746025292.

Kinder, Hund, Familienbund. Lustiges, Tierisches und Allzumenschliches in Lyrik und Prosa. Vera Hewener. Verlag BOD Books on Demand. Norderstedt 2018. ISBN 9783746056821.

Zaubervolle Jahreszeiten. Der Herbst. Vera Hewener. Verlag BoD Books on Demand. Norderstedt 2018. ISBN 9783752842135.

Christnacht, Glocken, Engelslocken. Gedichte und Geschichten zur Weihnacht. Vera Hewener. Verlag BoD Books on Demand. Norderstedt 2018. ISBN 9783748107637. 2. Ausgabe 2019. ISBN 9783741251641.

In der Saar feiern die Fische. Gegenwartslyrik & Szenen. Vera Hewener. Verlag BoD Books on Demand. Norderstedt 2019. ISBN 9783732237142. 2. Auflage 2020. ISBN 9783752810080.

Von Brandasund bis Nasholim. Reisegedichte, lyrische Ausflüge, Geschichten und Notizen. Vera Hewener. Verlag BoD Books on Demand. Norderstedt 2019. ISBN 9783732235841.

Tannen, Lobgesang, Weihnachtsklang. Gedichte, Geschichten, Liedtexte und Bühnenstücke zur Advents- und Weihnachtszeit. Vera Hewener. Verlag BoD Books on Demand. Norderstedt 2019. ISBN 9783750400030.

In der Saar tanzen die Schwäne. Gedichte, Geschichten & Szenen. Vera Hewener. Verlag BoD Books on Demand. Norderstedt 2020. ISBN 9783751921060.